AF208324

HAZLO TU SOLO

Libros De Actividades 8 Años | Vol -2 | Fracciones Y Decimales

ActivityCrusades

Publicado por Speedy Publishing Canada Limited

FRACCIONES

1

Determine si las fracciones que se muestran son iguales a 0, 1/2 o 1

1) $\dfrac{4}{8}$

2) $\dfrac{0}{7}$

3) $\dfrac{0}{6}$

4) $\dfrac{8}{8}$

5) $\dfrac{9}{18}$

6) $\dfrac{7}{14}$

7) $\dfrac{5}{10}$

8) $\dfrac{5}{5}$

9) $\dfrac{2}{4}$

10) $\dfrac{6}{6}$

11) $\dfrac{0}{9}$

12) $\dfrac{9}{9}$

13) $\dfrac{0}{8}$

14) $\dfrac{0}{3}$

15) $\dfrac{4}{4}$

16) $\dfrac{0}{4}$

17) $\dfrac{3}{3}$

18) $\dfrac{0}{5}$

19) $\dfrac{8}{16}$

20) $\dfrac{2}{2}$

1. _____

2. _____

3. _____

4. _____

5. _____

6. _____

7. _____

8. _____

9. _____

10. _____

11. _____

12. _____

13. _____

14. _____

15. _____

16. _____

17. _____

18. _____

19. _____

20. _____

Determine si las fracciones que se muestran son iguales a 0, 1/2 o 1

1) $\dfrac{2}{4}$　　　　2) $\dfrac{7}{7}$　　　　3) $\dfrac{3}{3}$　　　　4) $\dfrac{9}{9}$

5) $\dfrac{2}{2}$　　　　6) $\dfrac{0}{9}$　　　　7) $\dfrac{5}{5}$　　　　8) $\dfrac{8}{16}$

9) $\dfrac{4}{8}$　　　　10) $\dfrac{0}{5}$　　　　11) $\dfrac{3}{6}$　　　　12) $\dfrac{6}{6}$

13) $\dfrac{0}{2}$　　　　14) $\dfrac{0}{4}$　　　　15) $\dfrac{0}{6}$　　　　16) $\dfrac{7}{14}$

17) $\dfrac{5}{10}$　　　　18) $\dfrac{4}{4}$　　　　19) $\dfrac{0}{7}$　　　　20) $\dfrac{9}{18}$

1. _____

2. _____

3. _____

4. _____

5. _____

6. _____

7. _____

8. _____

9. _____

10. _____

11. _____

12. _____

13. _____

14. _____

15. _____

16. _____

17. _____

18. _____

19. _____

20. _____

3

Determine si las fracciones que se muestran son iguales a 0, 1/2 o 1

1) $\dfrac{0}{4}$ 2) $\dfrac{3}{3}$ 3) $\dfrac{7}{14}$ 4) $\dfrac{8}{8}$

5) $\dfrac{0}{6}$ 6) $\dfrac{4}{4}$ 7) $\dfrac{0}{8}$ 8) $\dfrac{8}{16}$

9) $\dfrac{0}{2}$ 10) $\dfrac{2}{4}$ 11) $\dfrac{6}{6}$ 12) $\dfrac{0}{7}$

13) $\dfrac{3}{6}$ 14) $\dfrac{9}{9}$ 15) $\dfrac{5}{10}$ 16) $\dfrac{6}{12}$

17) $\dfrac{0}{5}$ 18) $\dfrac{7}{7}$ 19) $\dfrac{2}{2}$ 20) $\dfrac{9}{18}$

1. _____

2. _____

3. _____

4. _____

5. _____

6. _____

7. _____

8. _____

9. _____

10. _____

11. _____

12. _____

13. _____

14. _____

15. _____

16. _____

17. _____

18. _____

19. _____

20. _____

Determine si las fracciones que se muestran son iguales a 0, 1/2 o 1

4

1) $\dfrac{6}{12}$ 2) $\dfrac{9}{9}$ 3) $\dfrac{7}{7}$ 4) $\dfrac{0}{8}$

5) $\dfrac{8}{16}$ 6) $\dfrac{0}{6}$ 7) $\dfrac{0}{7}$ 8) $\dfrac{5}{5}$

9) $\dfrac{0}{4}$ 10) $\dfrac{8}{8}$ 11) $\dfrac{3}{3}$ 12) $\dfrac{5}{10}$

13) $\dfrac{0}{9}$ 14) $\dfrac{3}{6}$ 15) $\dfrac{0}{2}$ 16) $\dfrac{6}{6}$

17) $\dfrac{7}{14}$ 18) $\dfrac{0}{3}$ 19) $\dfrac{4}{8}$ 20) $\dfrac{9}{18}$

1. _____
2. _____
3. _____
4. _____
5. _____
6. _____
7. _____
8. _____
9. _____
10. _____
11. _____
12. _____
13. _____
14. _____
15. _____
16. _____
17. _____
18. _____
19. _____
20. _____

5

Determine si las fracciones que se muestran son iguales a 0, 1/2 o 1

1) $\dfrac{4}{8}$

2) $\dfrac{5}{5}$

3) $\dfrac{9}{9}$

4) $\dfrac{7}{7}$

5) $\dfrac{0}{6}$

6) $\dfrac{9}{18}$

7) $\dfrac{0}{4}$

8) $\dfrac{8}{16}$

9) $\dfrac{3}{3}$

10) $\dfrac{5}{10}$

11) $\dfrac{2}{2}$

12) $\dfrac{7}{14}$

13) $\dfrac{6}{6}$

14) $\dfrac{0}{9}$

15) $\dfrac{6}{12}$

16) $\dfrac{0}{8}$

17) $\dfrac{4}{4}$

18) $\dfrac{0}{3}$

19) $\dfrac{0}{5}$

20) $\dfrac{3}{6}$

1. _____

2. _____

3. _____

4. _____

5. _____

6. _____

7. _____

8. _____

9. _____

10. _____

11. _____

12. _____

13. _____

14. _____

15. _____

16. _____

17. _____

18. _____

19. _____

20. _____

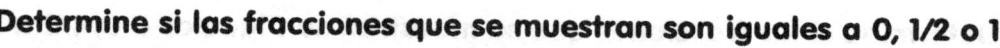

Determine si las fracciones que se muestran son iguales a 0, 1/2 o 1

6

1) $\dfrac{3}{6}$

2) $\dfrac{0}{5}$

3) $\dfrac{0}{7}$

4) $\dfrac{8}{16}$

5) $\dfrac{9}{18}$

6) $\dfrac{4}{4}$

7) $\dfrac{8}{8}$

8) $\dfrac{6}{12}$

9) $\dfrac{5}{10}$

10) $\dfrac{7}{14}$

11) $\dfrac{5}{5}$

12) $\dfrac{3}{3}$

13) $\dfrac{0}{4}$

14) $\dfrac{2}{4}$

15) $\dfrac{0}{2}$

16) $\dfrac{0}{8}$

17) $\dfrac{9}{9}$

18) $\dfrac{6}{6}$

19) $\dfrac{0}{9}$

20) $\dfrac{7}{7}$

1. _____

2. _____

3. _____

4. _____

5. _____

6. _____

7. _____

8. _____

9. _____

10. _____

11. _____

12. _____

13. _____

14. _____

15. _____

16. _____

17. _____

18. _____

19. _____

20. _____

7

Determine si las fracciones que se muestran son iguales a 0, 1/2 o 1

1) $\dfrac{2}{4}$ 2) $\dfrac{0}{2}$ 3) $\dfrac{0}{7}$ 4) $\dfrac{4}{4}$

5) $\dfrac{5}{10}$ 6) $\dfrac{0}{3}$ 7) $\dfrac{7}{14}$ 8) $\dfrac{5}{5}$

9) $\dfrac{9}{9}$ 10) $\dfrac{0}{9}$ 11) $\dfrac{0}{5}$ 12) $\dfrac{2}{2}$

13) $\dfrac{6}{6}$ 14) $\dfrac{3}{6}$ 15) $\dfrac{8}{8}$ 16) $\dfrac{9}{18}$

17) $\dfrac{0}{4}$ 18) $\dfrac{3}{3}$ 19) $\dfrac{8}{16}$ 20) $\dfrac{6}{12}$

1. _____

2. _____

3. _____

4. _____

5. _____

6. _____

7. _____

8. _____

9. _____

10. _____

11. _____

12. _____

13. _____

14. _____

15. _____

16. _____

17. _____

18. _____

19. _____

20. _____

Determine si las fracciones que se muestran son iguales a 0, 1/2 o 1

1) $\dfrac{0}{6}$

2) $\dfrac{0}{8}$

3) $\dfrac{3}{6}$

4) $\dfrac{8}{8}$

5) $\dfrac{4}{8}$

6) $\dfrac{9}{18}$

7) $\dfrac{4}{4}$

8) $\dfrac{8}{16}$

9) $\dfrac{2}{2}$

10) $\dfrac{6}{6}$

11) $\dfrac{5}{10}$

12) $\dfrac{0}{4}$

13) $\dfrac{5}{5}$

14) $\dfrac{0}{9}$

15) $\dfrac{0}{3}$

16) $\dfrac{2}{4}$

17) $\dfrac{7}{7}$

18) $\dfrac{0}{7}$

19) $\dfrac{6}{12}$

20) $\dfrac{0}{2}$

1. _____
2. _____
3. _____
4. _____
5. _____
6. _____
7. _____
8. _____
9. _____
10. _____
11. _____
12. _____
13. _____
14. _____
15. _____
16. _____
17. _____
18. _____
19. _____
20. _____

9

Determine si las fracciones que se muestran son iguales a 0, 1/2 o 1

1) $\dfrac{0}{6}$

2) $\dfrac{6}{12}$

3) $\dfrac{0}{7}$

4) $\dfrac{3}{6}$

5) $\dfrac{0}{2}$

6) $\dfrac{6}{6}$

7) $\dfrac{4}{4}$

8) $\dfrac{9}{18}$

9) $\dfrac{7}{14}$

10) $\dfrac{9}{9}$

11) $\dfrac{8}{16}$

12) $\dfrac{3}{3}$

13) $\dfrac{0}{5}$

14) $\dfrac{5}{10}$

15) $\dfrac{7}{7}$

16) $\dfrac{0}{8}$

17) $\dfrac{0}{3}$

18) $\dfrac{0}{4}$

19) $\dfrac{5}{5}$

20) $\dfrac{4}{8}$

1. _____

2. _____

3. _____

4. _____

5. _____

6. _____

7. _____

8. _____

9. _____

10. _____

11. _____

12. _____

13. _____

14. _____

15. _____

16. _____

17. _____

18. _____

19. _____

20. _____

Determine si las fracciones que se muestran son iguales a 0, 1/2 o 1

10

1) $\dfrac{6}{12}$

2) $\dfrac{7}{7}$

3) $\dfrac{0}{7}$

4) $\dfrac{8}{8}$

5) $\dfrac{6}{6}$

6) $\dfrac{0}{8}$

7) $\dfrac{2}{4}$

8) $\dfrac{0}{2}$

9) $\dfrac{3}{6}$

10) $\dfrac{0}{4}$

11) $\dfrac{0}{5}$

12) $\dfrac{5}{10}$

13) $\dfrac{5}{5}$

14) $\dfrac{0}{3}$

15) $\dfrac{3}{3}$

16) $\dfrac{8}{16}$

17) $\dfrac{9}{9}$

18) $\dfrac{4}{4}$

19) $\dfrac{9}{18}$

20) $\dfrac{0}{6}$

1. _____

2. _____

3. _____

4. _____

5. _____

6. _____

7. _____

8. _____

9. _____

10. _____

11. _____

12. _____

13. _____

14. _____

15. _____

16. _____

17. _____

18. _____

19. _____

20. _____

11

Determine qué opción (es) muestra la forma particionada para que cada pieza tenga el mismo área. Si no, escribe 'none'

1) A.    B.   C.    D.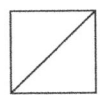

2) A.   B.   C.   D.

3) A.   B.    C.   D.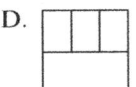

4) A.   B. 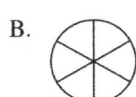   C. 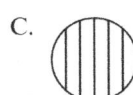   D.

5) A.    B.   C. 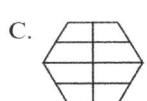   D.

6) A.   B.    C. 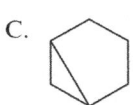   D.

7) A.    B.   C.    D.

8) A.   B. 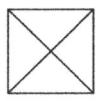   C.   D.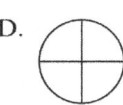

1. _____
2. _____
3. _____
4. _____
5. _____
6. _____
7. _____
8. _____

Determine qué opción (es) muestra la forma particionada para que cada pieza tenga el mismo área. Si no, escribe 'none'

12

1) A. 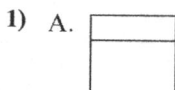   B. 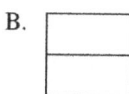   C. 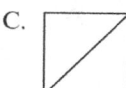   D.

2) A.    B.   C.   D.

3) A.    B.   C.   D.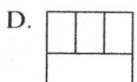

4) A.    B.    C. 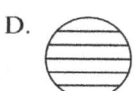   D.

5) A. 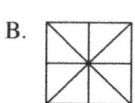   B. 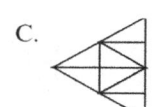   C.    D.

6) A.    B.    C. 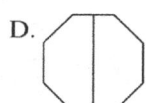   D.

7) A. 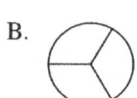   B.    C.    D.

8) A. 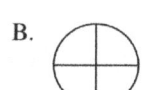   B.    C.   D.

1. _____

2. _____

3. _____

4. _____

5. _____

6. _____

7. _____

8. _____

Determine qué opción (es) muestra la forma particionada para que cada pieza tenga el mismo área. Si no, escribe 'none'

1) A. 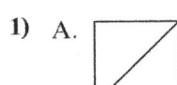   B. 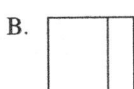   C. 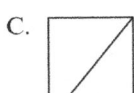   D.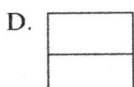

2) A.    B.   C.   D.

3) A. 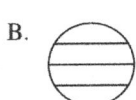   B.   C.    D.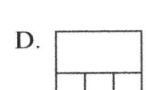

4) A.    B.    C.    D.

5) A.    B.    C.    D.

6) A. 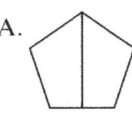   B. 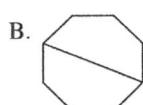   C. 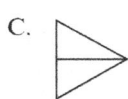   D.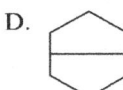

7) A.   B.   C.    D.

8) A.   B.   C. 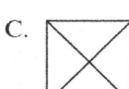   D.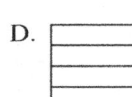

1. _____

2. _____

3. _____

4. _____

5. _____

6. _____

7. _____

8. _____

Determine qué opción (es) muestra la forma particionada para que cada pieza tenga el mismo área. Si no, escribe 'none'

1) A. 　　B. 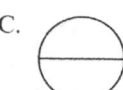　　C. 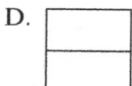　　D.

1. _____

2. _____

2) A. 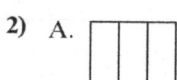　　B. 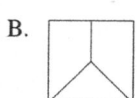　　C. 　　D.

3. _____

4. _____

3) A. 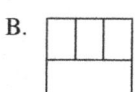　　B. 　　C. 　　D.

5. _____

6. _____

4) A. 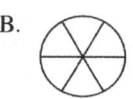　　B. 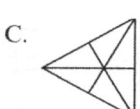　　C. 　　D.

7. _____

8. _____

5) A. 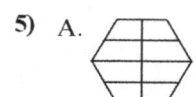　　B. 　　C. 　　D.

6) A. 　　B. 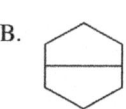　　C. 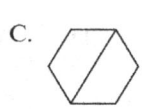　　D.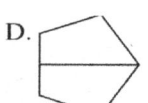

7) A. 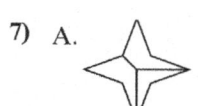　　B. 　　C. 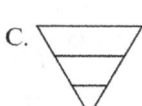　　D.

8) A. 　　B. 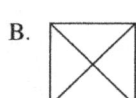　　C. 　　D.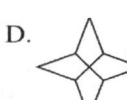

Determine qué opción (es) muestra la forma particionada para que cada pieza tenga el mismo área. Si no, escribe 'none'

1) A. 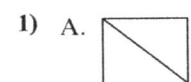   B.    C. 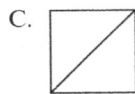   D.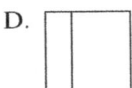

2) A.    B.    C.    D.

3) A.    B. 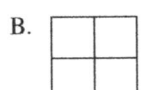   C.    D.

4) A.    B.    C. 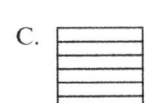   D.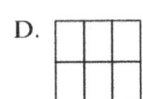

5) A. 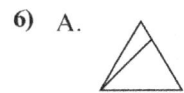   B.    C.    D.

6) A. 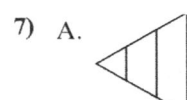   B. 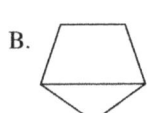   C.    D.

7) A.    B.    C.   D.

8) A.    B.   C.   D.

1. _____

2. _____

3. _____

4. _____

5. _____

6. _____

7. _____

8. _____

Determine qué opción (es) muestra la forma particionada para que cada pieza tenga el mismo área. Si no, escribe 'none'

1) A. 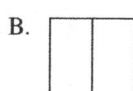 B. 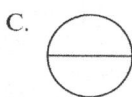 C.  D.

2) A. B. C. D.

3) A. 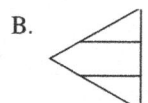 B. C. D.

4) A. B. C. D.

5) A. B. C. D.

6) A. B. C. D.

7) A. B. C. D.

8) A. B. C. D.

1. _____

2. _____

3. _____

4. _____

5. _____

6. _____

7. _____

8. _____

Determine qué opción (es) muestra la forma particionada para que cada pieza tenga el mismo área. Si no, escribe 'none'

17

1) A. 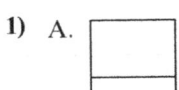 B.  C. ⊘ D.

2) A. ⬡ B. ⊖ C. ◁ D. ⊞

3) A. ⊠ B. △ C. ⊞ D. ⊘

4) A. ▤ B. ⊛ C. ⊞ D. △

5) A. ✦ B. ⬡ C. ⊕ D. ⬡

6) A. ▷ B. ☆ C. ⬠ D. ⬡

7) A. ⊘ B. ✦ C. ◁ D. ▷

8) A. ⊕ B. ⊞ C. ▭ D. ▥

1. _____
2. _____
3. _____
4. _____
5. _____
6. _____
7. _____
8. _____

Determine qué opción (es) muestra la forma particionada para que cada pieza tenga el mismo área. Si no, escribe 'none'

1) A. 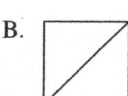   B. 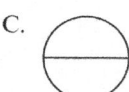   C. 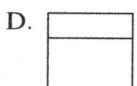   D.

1. _____

2. _____

2) A. 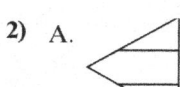   B. 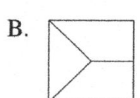   C.   D.

3. _____

4. _____

3) A. 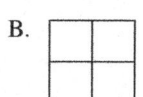   B.    C. 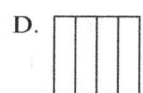   D.

5. _____

4) A.    B. 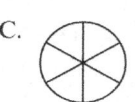   C. 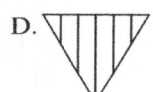   D.

6. _____

7. _____

5) A. 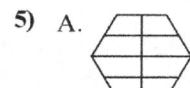   B.    C.    D.

8. _____

6) A. 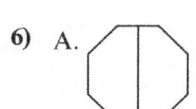   B. 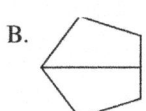   C. 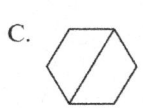   D.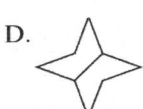

7) A. 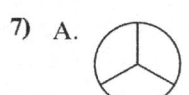   B. 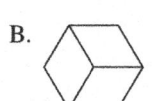   C. 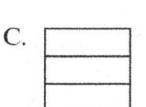   D.

8) A.    B.    C. 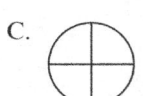   D.

19

Determine qué opción (es) muestra la forma particionada para que
cada pieza tenga el mismo área. Si no, escribe 'none'

1) A. 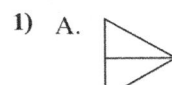   B.   C.   D.

2) A. 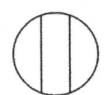   B.   C.   D.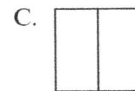

3) A.   B.   C.   D.

4) A.    B.   C.   D.

5) A. 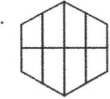   B.   C. 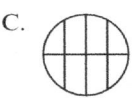   D.

6) A. 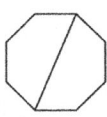   B.   C.   D.

7) A. 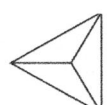   B.   C.   D.

8) A.    B.   C.   D.

1. _____

2. _____

3. _____

4. _____

5. _____

6. _____

7. _____

8. _____

Determine qué opción (es) muestra la forma particionada para que cada pieza tenga el mismo área. Si no, escribe 'none'

20

1) A. 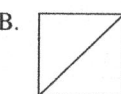   B. 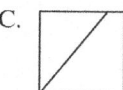   C. 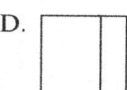   D.

2) A.    B. 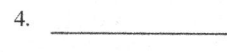   C. 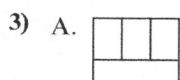   D.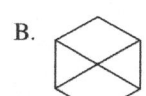

3) A. 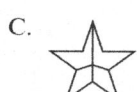   B. 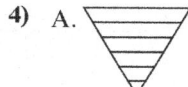   C.    D.

4) A. 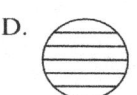   B. 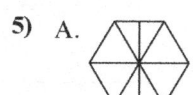   C.    D.

5) A.    B. 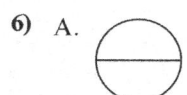   C. 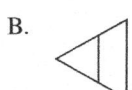   D.

6) A.   B. 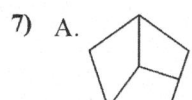   C.    D.

7) A.    B.    C. 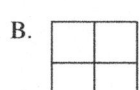   D.

8) A.   B.   C.   D.

1. _____
2. _____
3. _____
4. _____
5. _____
6. _____
7. _____
8. _____

Escriba la cantidad sombreada como una fracción de la cantidad total

1)

2)

3)

4)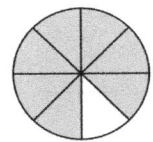

5)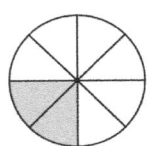

6)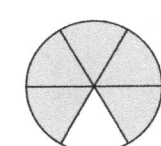

7)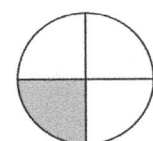

8)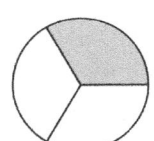

9)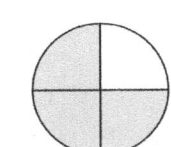

10)

11)

12)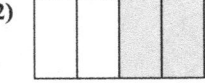

13)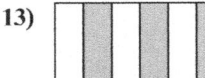

14)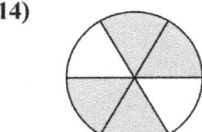

15)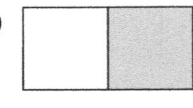

16)

17)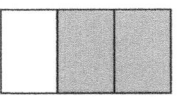

18)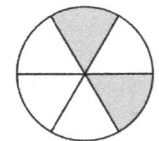

1. _____

2. _____

3. _____

4. _____

5. _____

6. _____

7. _____

8. _____

9. _____

10. _____

11. _____

12. _____

13. _____

14. _____

15. _____

16. _____

17. _____

18. _____

Escriba la cantidad sombreada como una fracción de la cantidad total

22

1)
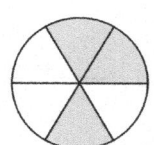

2)
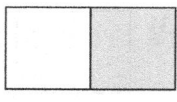

3)
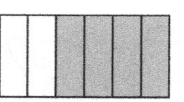

1. _____

2. _____

3. _____

4)
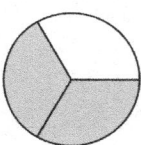

5)
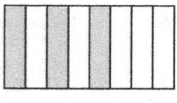

6)
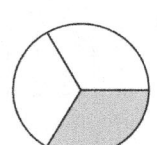

4. _____

5. _____

6. _____

7)

8)
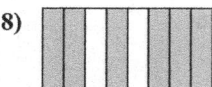

9)
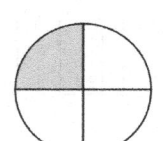

7. _____

8. _____

9. _____

10)

11)
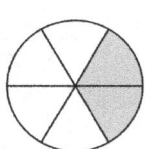

12)
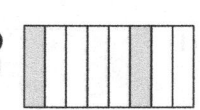

10. _____

11. _____

12. _____

13. _____

13)
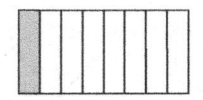

14)
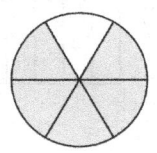

15)

14. _____

15. _____

16. _____

16)
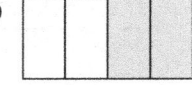

17)
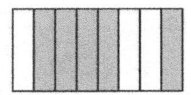

18)
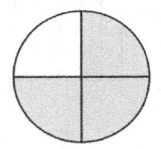

17. _____

18. _____

Escriba la cantidad sombreada como una fracción de la cantidad total

1)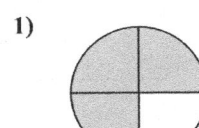

2)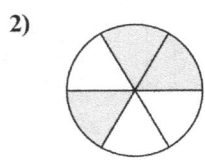

3)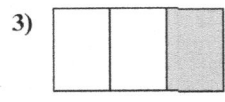

4)

5)

6)

7)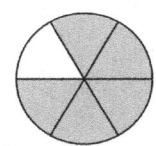

8)

9)

10)

11)

12)

13)

14)

15)

16)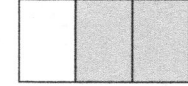

17)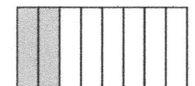

18)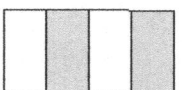

1. _____

2. _____

3. _____

4. _____

5. _____

6. _____

7. _____

8. _____

9. _____

10. _____

11. _____

12. _____

13. _____

14. _____

15. _____

16. _____

17. _____

18. _____

Escriba la cantidad sombreada como una fracción de la cantidad total

1)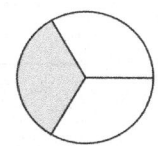

2)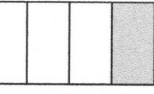

3)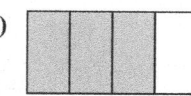

4)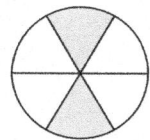

5)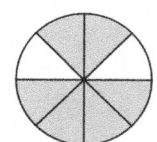

6)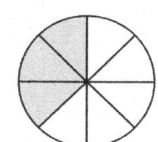

7)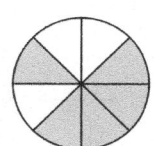

8)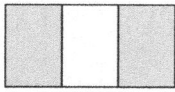

9)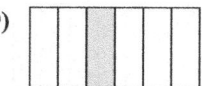

10)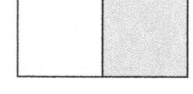

11)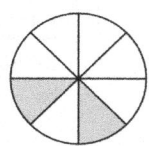

12)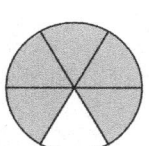

13)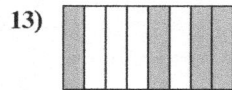

14)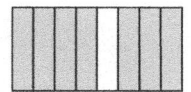

15)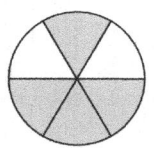

16)

17)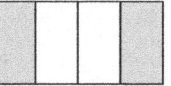

18)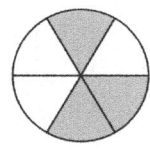

1. _____
2. _____
3. _____
4. _____
5. _____
6. _____
7. _____
8. _____
9. _____
10. _____
11. _____
12. _____
13. _____
14. _____
15. _____
16. _____
17. _____
18. _____

25 Escriba la cantidad sombreada como una fracción de la cantidad total

1) 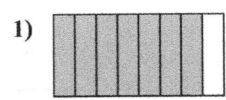   2) 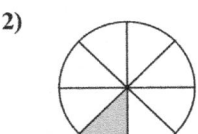   3)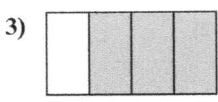

4)   5)   6)

7)   8)   9)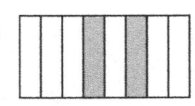

10)   11)   12)

13)   14)   15)

16) 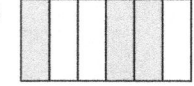   17) 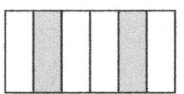   18)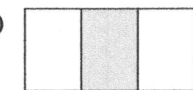

1. _____

2. _____

3. _____

4. _____

5. _____

6. _____

7. _____

8. _____

9. _____

10. _____

11. _____

12. _____

13. _____

14. _____

15. _____

16. _____

17. _____

18. _____

Escriba la cantidad sombreada como una fracción de la cantidad total

1)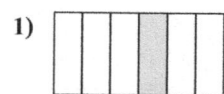

2)

3)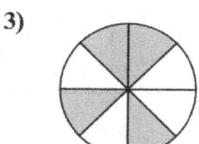

4)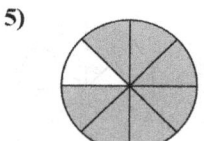

5)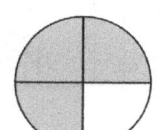

6)

7)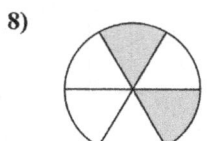

8)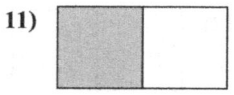

9)

10)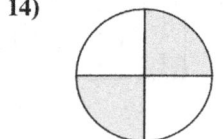

11)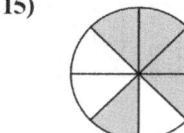

12)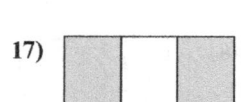

13)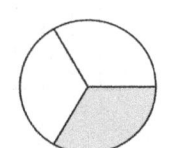

14)

15)

16)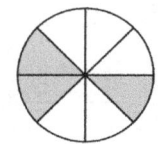

17)

18)

1. _____

2. _____

3. _____

4. _____

5. _____

6. _____

7. _____

8. _____

9. _____

10. _____

11. _____

12. _____

13. _____

14. _____

15. _____

16. _____

17. _____

18. _____

Escriba la cantidad sombreada como una fracción de la cantidad total

1)

2)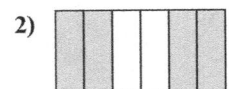

3)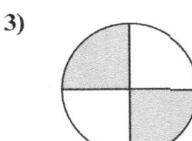

4)

5)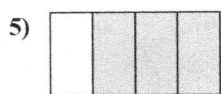

6)

7)

8)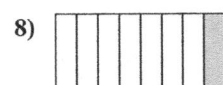

9)

10)

11)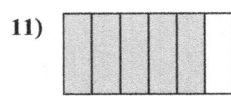

12)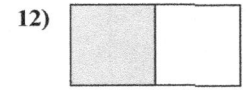

13)

14)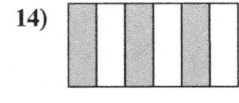

15)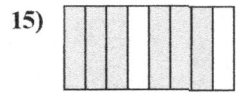

16)

17)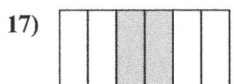

18)

1. _____

2. _____

3. _____

4. _____

5. _____

6. _____

7. _____

8. _____

9. _____

10. _____

11. _____

12. _____

13. _____

14. _____

15. _____

16. _____

17. _____

18. _____

Escriba la cantidad sombreada como una fracción de la cantidad total

1)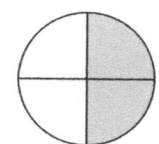

2)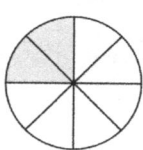

3)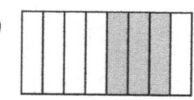

4)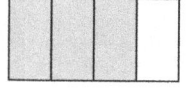

5)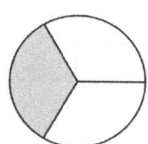

6)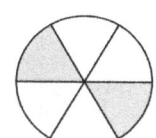

7)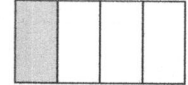

8)

9)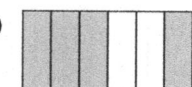

10)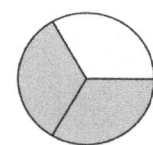

11)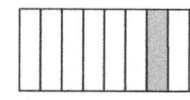

12)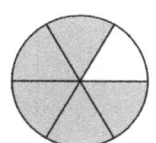

13)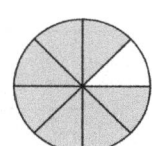

14)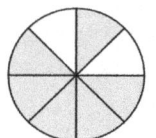

15)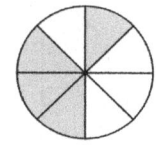

16)

17)

18)

1. _____

2. _____

3. _____

4. _____

5. _____

6. _____

7. _____

8. _____

9. _____

10. _____

11. _____

12. _____

13. _____

14. _____

15. _____

16. _____

17. _____

18. _____

29

Escriba la cantidad sombreada como una fracción de la cantidad total

1)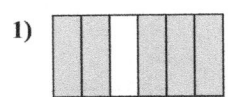

2)

3)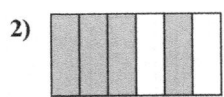

4)

5)

6)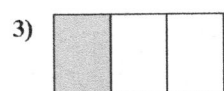

7)

8)

9)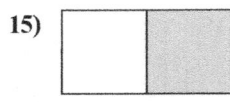

10)

11)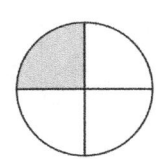

12)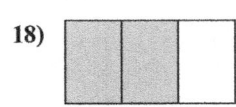

13)

14)

15)

16)

17)

18)

1. _____

2. _____

3. _____

4. _____

5. _____

6. _____

7. _____

8. _____

9. _____

10. _____

11. _____

12. _____

13. _____

14. _____

15. _____

16. _____

17. _____

18. _____

Escriba la cantidad sombreada como una fracción de la cantidad total

1)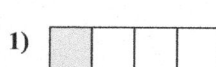

2)

3)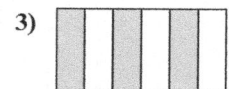

4)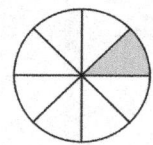

5)

6)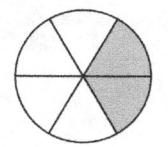

7)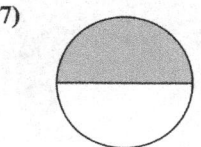

8)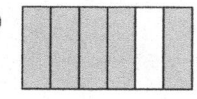

9)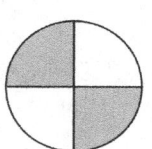

10)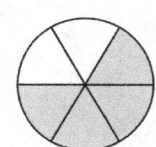

11)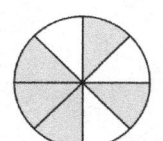

12)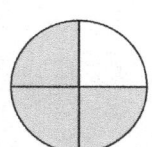

13)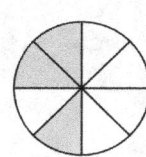

14)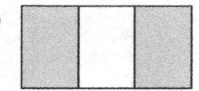

15)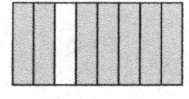

16)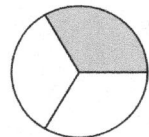

17)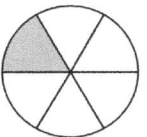

18)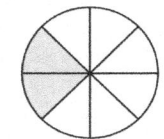

1. _____

2. _____

3. _____

4. _____

5. _____

6. _____

7. _____

8. _____

9. _____

10. _____

11. _____

12. _____

13. _____

14. _____

15. _____

16. _____

17. _____

18. _____

DECIMALES

Escriba el símbolo de comparación correcto (>, < o =)

31

1) 1.41 ☐ 1.41

2) -7.3 ☐ -7.34

3) 1.87 ☐ 0.187

4) -6.54 ☐ -6.56

5) 7.48 ☐ 7.42

6) -0.64 ☐ -0.064

7) -7.09 ☐ -7.13

8) -9.8 ☐ -9.85

9) -4.37 ☐ -4.39

10) 10 ☐ 1

11) 7.8 ☐ 7.79

12) 4.05 ☐ 0.405

13) -7.77 ☐ -0.777

14) 1.29 ☐ 1.25

15) -5.14 ☐ -5.14

16) 7.07 ☐ 0.707

17) 0.57 ☐ 0.53

18) 1.45 ☐ 0.145

19) -2.96 ☐ -0.296

20) -3.36 ☐ -3.37

32

Escriba el símbolo de comparación correcto (>, < o =)

1) -9.61 ☐ -0.961

2) -6.5 ☐ -0.65

3) -5.16 ☐ -5.18

4) -2.24 ☐ -2.24

5) 0.86 ☐ 0.086

6) 8.23 ☐ 0.823

7) 1.06 ☐ 1.14

8) 5.35 ☐ 5.42

9) 3.37 ☐ 0.337

10) -0.49 ☐ -0.51

11) 5.7 ☐ 5.68

12) -3.74 ☐ -3.75

13) -0.4 ☐ -0.04

14) 7.19 ☐ 7.23

15) 2.04 ☐ 2.08

16) -9.82 ☐ -0.982

17) 6.35 ☐ 6.29

18) -9.46 ☐ -0.946

19) 3.32 ☐ 3.35

20) -8.52 ☐ -8.59

Escriba el símbolo de comparación correcto (>, < o =)

1) 6.23 ☐ 6.26

2) -5.11 ☐ -0.511

3) 8.7 ☐ 0.87

4) 0.39 ☐ 0.039

5) -2.62 ☐ -0.262

6) -4.22 ☐ -4.15

7) 9.9 ☐ 9.9

8) 0.41 ☐ 0.41

9) 2 ☐ 0.2

10) -2.47 ☐ -2.51

11) 5.15 ☐ 5.12

12) 4.88 ☐ 0.488

13) 8.48 ☐ 8.56

14) -6.55 ☐ -6.57

15) -3.22 ☐ -3.22

16) -2.96 ☐ -0.296

17) -9.09 ☐ -9.12

18) -0.46 ☐ -0.38

19) -6.59 ☐ -6.67

20) 2.17 ☐ 0.217

Escriba el símbolo de comparación correcto (>, < o =)

1) -5.01 ☐ -4.99

2) -6.89 ☐ -0.689

3) 2.97 ☐ 2.95

4) 7.88 ☐ 0.788

5) 7.38 ☐ 7.35

6) -0.87 ☐ -0.087

7) 3.68 ☐ 0.368

8) 8.35 ☐ 8.35

9) 8.72 ☐ 0.872

10) 3.56 ☐ 3.58

11) 8.57 ☐ 8.55

12) -1.45 ☐ -0.145

13) -3.13 ☐ -0.313

14) -6.81 ☐ -6.82

15) 8.38 ☐ 8.37

16) -8.46 ☐ -8.54

17) -0.68 ☐ -0.67

18) 7.4 ☐ 0.74

19) -5.79 ☐ -5.71

20) -5.73 ☐ -5.71

1) -5.31 ☐ -5.3

2) 5.99 ☐ 5.94

3) -0.88 ☐ -0.088

4) 3.77 ☐ 0.377

5) 2.73 ☐ 2.75

6) 6.12 ☐ 6.15

7) 9.51 ☐ 9.48

8) 5.43 ☐ 5.4

9) -2.14 ☐ -0.214

10) 7.87 ☐ 0.787

11) -4.57 ☐ -0.457

12) 9.66 ☐ 9.66

13) -8.68 ☐ -8.66

14) -2.28 ☐ -0.228

15) 1.27 ☐ 0.127

16) -2.25 ☐ -2.31

17) -4.37 ☐ -4.4

18) 5.18 ☐ 5.14

19) -9.92 ☐ -9.9

20) -3.59 ☐ -0.359

Escriba el símbolo de comparación correcto (>, < o =)

1) 5.81 ☐ 5.8

2) 6.07 ☐ 6.02

3) -4.62 ☐ -4.54

4) 4.08 ☐ 4.14

5) 2.6 ☐ 0.26

6) -0.42 ☐ -0.38

7) -8.56 ☐ -0.856

8) -2.67 ☐ -2.63

9) 0.71 ☐ 0.071

10) -8.74 ☐ -8.69

11) -6.14 ☐ -0.614

12) 5.21 ☐ 5.13

13) 3.92 ☐ 0.392

14) -8.38 ☐ -0.838

15) 2.24 ☐ 2.28

16) 1.12 ☐ 0.112

17) -4.27 ☐ -0.427

18) -9.66 ☐ -9.7

19) -5.24 ☐ -5.25

20) 3.56 ☐ 3.58

Escriba el símbolo de comparación correcto (>, < o =)

1) -7.27 ☐ -7.21

2) 7.25 ☐ 7.3

3) -4.05 ☐ -4.07

4) -9.5 ☐ -9.49

5) 2.31 ☐ 2.37

6) 4.2 ☐ 0.42

7) 0.24 ☐ 0.024

8) 2.22 ☐ 2.29

9) 4.17 ☐ 0.417

10) -3.32 ☐ -3.29

11) -5.22 ☐ -5.24

12) 5.37 ☐ 5.39

13) -5.67 ☐ -0.567

14) 2.95 ☐ 2.94

15) -2.22 ☐ -0.222

16) 6.81 ☐ 0.681

17) -8.11 ☐ -0.811

18) -0.23 ☐ -0.023

19) -6.35 ☐ -6.41

20) 3.44 ☐ 3.51

Escriba el símbolo de comparación correcto (>, < o =)

1) -6.89 ☐ -6.9

2) -1.49 ☐ -0.149

3) 7.89 ☐ 7.85

4) 8.11 ☐ 0.811

5) -1.17 ☐ -1.16

6) 6.57 ☐ 6.56

7) -7.24 ☐ -7.2

8) 7.71 ☐ 0.771

9) -5.13 ☐ -5.19

10) -8.99 ☐ -8.96

11) 3.72 ☐ 0.372

12) -7.37 ☐ -7.4

13) 4.05 ☐ 4.09

14) -3.46 ☐ -0.346

15) 5.12 ☐ 0.512

16) 2.57 ☐ 2.51

17) 8.78 ☐ 8.71

18) -9.03 ☐ -0.903

19) 8.34 ☐ 0.834

20) -8.14 ☐ -8.17

Escriba el símbolo de comparación correcto (>, < o =)

1) 0.95 ☐ 1.01

2) 8.85 ☐ 8.77

3) -5.49 ☐ -0.549

4) -4.45 ☐ -0.445

5) 7.79 ☐ 7.84

6) -3.03 ☐ -2.95

7) -8.38 ☐ -0.838

8) 1.87 ☐ 0.187

9) 3.18 ☐ 0.318

10) 9.08 ☐ 9.13

11) -8.59 ☐ -0.859

12) 5.11 ☐ 5.1

13) -5.94 ☐ -5.91

14) 6 ☐ 0.6

15) 8.19 ☐ 8.24

16) -3.57 ☐ -3.56

17) -3.33 ☐ -3.26

18) 7.7 ☐ 0.77

19) -5.59 ☐ -5.54

20) -5.67 ☐ -5.68

Escriba el símbolo de comparación correcto (>, < o =)

1) 5.53 ☐ 5.54

2) -5.78 ☐ -5.83

3) 3.5 ☐ 0.35

4) 9.65 ☐ 9.65

5) -7.41 ☐ -7.39

6) -8.97 ☐ -8.89

7) -2.24 ☐ -2.2

8) 8.2 ☐ 0.82

9) -3.03 ☐ -0.303

10) 3.58 ☐ 0.358

11) -8.94 ☐ -8.96

12) 4.66 ☐ 4.65

13) -3.85 ☐ -3.83

14) -2.48 ☐ -2.52

15) 9.03 ☐ 9.07

16) -3.04 ☐ -3.1

17) -8.25 ☐ -0.825

18) 5.4 ☐ 0.54

19) 8.4 ☐ 0.84

20) 1.33 ☐ 0.133

Resuelve cada problema

96.85	59.82	48.69	69.49	75.83
- 43.27	- 31.65	- 12.39	+28.69	- 37.85

51.82	89.89	97.98	99.29	30.41
+89.68	- 65.33	- 92.53	+82.34	+72.17

62.14	38.25	72.39	98.32	57.78
+98.16	+57.81	+82.36	- 37.92	+69.39

22.39	45.48	56.34	48.56	79.93
+54.69	- 17.85	- 51.58	- 40.77	+25.38

42

Resuelve cada problema

63.55	88.98	85.49	94.17	19.38
- 23.41	+87.88	+46.31	+97.63	- 15.57

37.72	83.37	68.84	90.82	47.37
+57.63	- 56.74	- 52.56	- 84.34	+27.24

62.32	87.87	70.94	57.22	10.95
- 37.28	- 85.33	+44.75	- 41.42	+84.69

74.14	62.72	86.42	19.34	43.15
- 53.23	+42.67	+87.81	+57.83	- 14.77

89.29 - 38.61	89.99 - 70.45	83.97 +15.35	94.51 - 33.26	51.76 +75.97
85.88 +93.66	17.78 - 16.41	29.73 +35.12	40.16 - 26.24	52.78 +52.31
56.11 +63.91	81.85 +20.83	47.18 +27.66	42.75 +87.35	33.66 - 12.92
27.11 - 12.63	46.66 - 15.86	68.57 - 52.25	70.61 +28.14	34.48 - 29.79

44

Resuelve cada problema

49.13	92.62	75.48	86.58	79.11
- 17.43	- 36.71	- 13.94	- 14.23	+35.41

97.12	45.35	98.94	60.51	46.35
- 80.56	- 10.52	- 16.97	+45.54	+81.55

28.99	90.62	12.82	34.54	92.99
+50.33	- 81.35	+32.78	+46.98	- 40.97

62.71	88.92	65.43	84.33	71.64
+81.93	+50.61	- 63.44	+53.74	+10.25

Resuelve cada problema

32.24 +27.92	19.47 +48.53	37.55 +79.15	24.21 +84.35	66.43 - 48.78
42.83 - 38.11	11.12 +12.16	91.98 - 41.27	82.12 - 11.42	54.16 +75.56
71.54 +20.66	65.94 +24.13	60.27 +76.57	97.36 - 35.79	61.71 - 23.77
34.48 - 10.83	57.19 - 34.28	79.25 - 42.14	56.45 - 15.92	80.86 +92.15

Resuelve cada problema

| 61.46
- 24.32 | 84.19
- 64.18 | 18.68
+50.36 | 99.87
+68.25 | 14.91
+62.58 |

| 73.98
- 20.89 | 45.51
- 25.29 | 79.31
+36.97 | 25.51
+96.36 | 35.15
+72.83 |

| 73.61
- 36.48 | 74.77
- 11.38 | 82.38
+93.62 | 86.19
- 67.43 | 60.24
- 52.17 |

| 63.57
+96.15 | 74.11
- 70.59 | 63.24
- 44.68 | 48.42
+64.58 | 71.32
+57.77 |

Resuelve cada problema

53.65	75.69	65.32	75.82	23.82
+71.28	- 72.24	+29.12	- 53.66	- 15.68

32.34	31.26	92.45	79.76	66.23
- 24.32	+52.31	- 76.72	+50.65	- 35.51

98.64	27.63	81.12	34.43	85.88
- 87.48	+98.63	- 23.19	- 24.73	+77.62

19.33	76.68	85.19	87.77	47.65
+75.93	+80.51	- 39.67	+27.92	+96.92

48

Resuelve cada problema

| 39.31 | 52.88 | 68.59 | 25.57 | 61.28 |
| +80.49 | +45.36 | - 31.67 | - 23.38 | +68.17 |

| 68.11 | 80.81 | 58.45 | 90.46 | 49.29 |
| +26.19 | +74.73 | +88.63 | - 74.64 | - 14.57 |

| 39.59 | 52.31 | 65.36 | 66.17 | 79.43 |
| - 14.19 | - 20.96 | +71.24 | +99.15 | +91.94 |

| 78.67 | 43.46 | 44.67 | 98.77 | 88.25 |
| +26.83 | - 21.68 | - 43.86 | - 62.22 | - 22.12 |

Resuelve cada problema

58.96	25.47	82.41	65.81	20.84
- 18.24	+46.16	- 69.42	- 47.88	+20.23

16.58	12.45	58.42	41.41	94.12
- 11.69	+90.75	- 49.49	+46.74	+92.92

52.83	89.79	44.78	91.62	11.63
+80.94	- 73.56	- 26.69	- 73.27	+46.26

65.73	80.12	74.69	60.42	57.51
+66.57	- 52.22	- 10.11	+36.38	+23.15

Resuelve cada problema

85.83 +15.92	32.57 +72.96	85.91 +55.29	63.51 - 44.57	60.88 - 24.79
80.41 +79.58	24.78 - 16.31	69.58 - 54.92	32.93 - 24.64	98.55 - 28.48
81.25 +29.36	30.32 - 21.22	22.89 +72.97	97.62 - 72.44	82.96 +95.69
56.65 - 21.93	38.91 +76.55	32.85 +30.81	86.45 - 57.85	91.36 +18.14

Ordene los números de menor a mayor

Ex)
A. 34
B. 33.85
C. 33.22
D. 33.8

1)
A. 73.96
B. 73.5
C. 73.4
D. 73.1

2)
A. 3.29
B. 3.55
C. 3.6
D. 3.86

Ex. _C,D,B,A_

1. _____

2. _____

3)
A. 4.19
B. 4.27
C. 4.6
D. 5

4)
A. 5.7
B. 5.2
C. 5.6
D. 5.25

5)
A. 22.4
B. 22.8
C. 22.3
D. 22.91

3. _____

4. _____

5. _____

6)
A. 11.59
B. 11.46
C. 12
D. 11.6

7)
A. 8
B. 7.96
C. 7.35
D. 7.63

8)
A. 3
B. 2.57
C. 2.9
D. 2.2

6. _____

7. _____

8. _____

9)
A. 9.17
B. 9.5
C. 9.9
D. 10

10)
A. 75.6
B. 75.9
C. 75.8
D. 75.22

11)
A. 83.11
B. 83.6
C. 83.16
D. 83.4

9. _____

10. _____

11. _____

12)
A. 3.8
B. 4
C. 3.86
D. 3.9

13)
A. 72.5
B. 72.59
C. 72.4
D. 72.3

14)
A. 44.9
B. 44.5
C. 44.53
D. 44

12. _____

13. _____

14. _____

15)
A. 4.2
B. 5
C. 4.99
D. 4.22

16)
A. 7.3
B. 7.01
C. 8
D. 7.8

17)
A. 3.68
B. 3.5
C. 3.7
D. 3.88

15. _____

16. _____

17. _____

18)
A. 14.62
B. 14.5
C. 14.87
D. 14.76

19)
A. 65.8
B. 66
C. 65.2
D. 65.7

20)
A. 2.25
B. 2.52
C. 2.2
D. 2.1

18. _____

19. _____

20. _____

Ordene los números de menor a mayor

Ex) A. 93.56
B. 94
C. 93.73
D. 93.2

1) A. 64.2
B. 64.8
C. 64.15
D. 64.84

2) A. 53.4
B. 53.22
C. 53.67
D. 53.42

3) A. 4.7
B. 5
C. 4.9
D. 4.56

4) A. 9.2
B. 9.18
C. 9
D. 9.7

5) A. 6.6
B. 6.29
C. 6.4
D. 6.17

6) A. 5.1
B. 5.4
C. 5.9
D. 5.5

7) A. 10.41
B. 10.4
C. 10.46
D. 10

8) A. 8.9
B. 8.48
C. 8.4
D. 8.7

9) A. 84.67
B. 84.42
C. 84.4
D. 84

10) A. 87.8
B. 88
C. 87.62
D. 87.6

11) A. 90
B. 89.9
C. 89.49
D. 89.5

12) A. 3.42
B. 3
C. 3.8
D. 3.94

13) A. 3.94
B. 3.48
C. 3.8
D. 3.84

14) A. 1
B. 1.27
C. 1.3
D. 1.2

15) A. 8.75
B. 8.48
C. 8.6
D. 8.9

16) A. 49.9
B. 49.22
C. 49.2
D. 49.61

17) A. 96.34
B. 96
C. 96.4
D. 96.9

18) A. 73
B. 72.59
C. 72.99
D. 72.86

19) A. 9.78
B. 9.43
C. 10
D. 9.7

20) A. 3
B. 2.2
C. 2.5
D. 2.42

Ex. _D,A,C,B_

1. _____

2. _____

3. _____

4. _____

5. _____

6. _____

7. _____

8. _____

9. _____

10. _____

11. _____

12. _____

13. _____

14. _____

15. _____

16. _____

17. _____

18. _____

19. _____

20. _____

Ordene los números de menor a mayor

Ex) A. 4.77
B. 4.62
C. 5
D. 4.1

1) A. 76.57
B. 77
C. 76.6
D. 76.66

2) A. 9.59
B. 9.2
C. 9.58
D. 9.92

3) A. 39.9
B. 39.17
C. 39.26
D. 39.56

4) A. 28.4
B. 28.1
C. 29
D. 28.24

5) A. 5.58
B. 5.5
C. 5.62
D. 5.7

6) A. 54.4
B. 54.52
C. 54.45
D. 54.7

7) A. 54.68
B. 54.3
C. 54.04
D. 54.5

8) A. 8.84
B. 8.59
C. 8.1
D. 8.4

9) A. 7.18
B. 7.7
C. 7.79
D. 7.1

10) A. 59.75
B. 59.3
C. 59.6
D. 59.49

11) A. 96.78
B. 96.55
C. 96.8
D. 96.6

12) A. 6.12
B. 6.2
C. 6.8
D. 6.17

13) A. 5.2
B. 5.15
C. 5.45
D. 5.52

14) A. 75
B. 74.45
C. 74.44
D. 74.59

15) A. 85.5
B. 85.4
C. 85.01
D. 85.79

16) A. 6.48
B. 6.67
C. 6.7
D. 6.27

17) A. 6.32
B. 6.3
C. 6.18
D. 6

18) A. 9.3
B. 9.66
C. 9.58
D. 10

19) A. 2.31
B. 2.4
C. 2.32
D. 2.1

20) A. 3.7
B. 3.72
C. 3.6
D. 3.2

Ex. __D,B,A,C__

1. _____
2. _____
3. _____
4. _____
5. _____
6. _____
7. _____
8. _____
9. _____
10. _____
11. _____
12. _____
13. _____
14. _____
15. _____
16. _____
17. _____
18. _____
19. _____
20. _____

Ordene los números de menor a mayor

Ex) A. 51.9
     B. 52
     C. 51.13
     D. 51.7

1) A. 6.73
    B. 7
    C. 6.45
    D. 6.5

2) A. 59.6
    B. 59.03
    C. 59.7
    D. 59.17

3) A. 21.4
    B. 21.49
    C. 21
    D. 21.89

4) A. 91.72
    B. 91.9
    C. 92
    D. 91.58

5) A. 7.8
    B. 7
    C. 7.88
    D. 7.44

6) A. 23.18
    B. 23.53
    C. 23.48
    D. 23.9

7) A. 42.64
    B. 42.6
    C. 42.3
    D. 42.42

8) A. 5.74
    B. 6
    C. 5.88
    D. 5.82

9) A. 30
    B. 30.13
    C. 30.4
    D. 30.3

10) A. 48.3
    B. 48.94
    C. 48.4
    D. 48

11) A. 2.7
    B. 2.8
    C. 2.3
    D. 2.82

12) A. 47.5
    B. 47.7
    C. 48
    D. 47.53

13) A. 37.05
    B. 37.9
    C. 37.72
    D. 37.4

14) A. 2.5
    B. 2.2
    C. 2.93
    D. 2.83

15) A. 64
    B. 63.36
    C. 63.3
    D. 63.4

16) A. 11.05
    B. 11.56
    C. 12
    D. 11.54

17) A. 90.98
    B. 91
    C. 90.54
    D. 90.1

18) A. 7.7
    B. 8
    C. 7.41
    D. 7.92

19) A. 9.48
    B. 9.56
    C. 9.4
    D. 9.2

20) A. 63.95
    B. 63.3
    C. 63.7
    D. 63.1

Ex. _C, D, A, B_

1. _____

2. _____

3. _____

4. _____

5. _____

6. _____

7. _____

8. _____

9. _____

10. _____

11. _____

12. _____

13. _____

14. _____

15. _____

16. _____

17. _____

18. _____

19. _____

20. _____

Ordene los números de menor a mayor

Ex)
A. 68.1
B. 68.47
C. 68.4
D. 68.43

1)
A. 7
B. 7.4
C. 7.35
D. 7.5

2)
A. 89.95
B. 89.8
C. 89.4
D. 89.37

3)
A. 1.87
B. 1.9
C. 1.3
D. 2

4)
A. 96.8
B. 96.81
C. 96.5
D. 97

5)
A. 4.17
B. 4.93
C. 4.8
D. 4.7

6)
A. 2.18
B. 2.02
C. 2.7
D. 2.38

7)
A. 66.26
B. 66.5
C. 66.61
D. 67

8)
A. 37.3
B. 37.58
C. 38
D. 37.22

9)
A. 62
B. 61.9
C. 61.85
D. 61.6

10)
A. 38.89
B. 38
C. 38.8
D. 38.08

11)
A. 46
B. 46.59
C. 46.93
D. 46.89

12)
A. 90.1
B. 90.2
C. 90.4
D. 90.63

13)
A. 2
B. 2.83
C. 2.2
D. 2.3

14)
A. 24.9
B. 24
C. 24.33
D. 24.5

15)
A. 97.21
B. 97.42
C. 97.4
D. 97

16)
A. 26
B. 25.74
C. 25.9
D. 25.1

17)
A. 74.3
B. 74.7
C. 74.9
D. 74.73

18)
A. 3.9
B. 3
C. 3.3
D. 3.1

19)
A. 8.9
B. 8
C. 8.54
D. 8.51

20)
A. 4.12
B. 4.3
C. 4.93
D. 4.1

Ex. _A,C,D,B_

1. _____
2. _____
3. _____
4. _____
5. _____
6. _____
7. _____
8. _____
9. _____
10. _____
11. _____
12. _____
13. _____
14. _____
15. _____
16. _____
17. _____
18. _____
19. _____
20. _____

Ordene los números de menor a mayor

Ex) A. 39.53
    B. 39.3
    C. 39.22
    D. 39.9

1) A. 3.9
    B. 3.95
    C. 3.7
    D. 3.74

2) A. 20.19
    B. 20
    C. 20.4
    D. 20.6

3) A. 3.4
    B. 3
    C. 3.24
    D. 3.9

4) A. 36.8
    B. 36.1
    C. 36.23
    D. 37

5) A. 1.3
    B. 1.37
    C. 1.5
    D. 1.2

6) A. 27.42
    B. 27.88
    C. 27.7
    D. 27

7) A. 2.55
    B. 2.6
    C. 2.3
    D. 2.67

8) A. 55.6
    B. 55.56
    C. 55.8
    D. 55.2

9) A. 6.59
    B. 7
    C. 6.6
    D. 6.5

10) A. 26.1
    B. 26.86
    C. 26.51
    D. 26.3

11) A. 46.6
    B. 46.19
    C. 46.8
    D. 47

12) A. 7.4
    B. 7.3
    C. 7.5
    D. 7.19

13) A. 8.23
    B. 8.7
    C. 8
    D. 8.4

14) A. 9
    B. 8.99
    C. 8.61
    D. 8.64

15) A. 7.9
    B. 7.2
    C. 7.04
    D. 7.73

16) A. 28.8
    B. 28.6
    C. 28.5
    D. 28.9

17) A. 30.2
    B. 30.37
    C. 30.82
    D. 30.71

18) A. 60.3
    B. 61
    C. 60.5
    D. 60.71

19) A. 61.9
    B. 61.59
    C. 61.84
    D. 61.91

20) A. 7.6
    B. 7.47
    C. 7
    D. 7.8

Ex. __C,B,A,D__

1. _____

2. _____

3. _____

4. _____

5. _____

6. _____

7. _____

8. _____

9. _____

10. _____

11. _____

12. _____

13. _____

14. _____

15. _____

16. _____

17. _____

18. _____

19. _____

20. _____

Ordene los números de menor a mayor

Ex) A. 5.17
     B. 5.95
     C. 6
     D. 5.9

1) A. 23.3
    B. 23.4
    C. 23.9
    D. 23.26

2) A. 7.5
    B. 7.65
    C. 7.97
    D. 7.14

3) A. 18.41
    B. 18.83
    C. 19
    D. 18.5

4) A. 14.36
    B. 14.4
    C. 14.86
    D. 14.7

5) A. 62.24
    B. 62.49
    C. 62.4
    D. 62.7

6) A. 1.72
    B. 1.74
    C. 1.52
    D. 1.36

7) A. 2.5
    B. 2.4
    C. 2.12
    D. 2.7

8) A. 73.75
    B. 73.2
    C. 74
    D. 73.17

9) A. 3.42
    B. 3.7
    C. 3.2
    D. 4

10) A. 19.18
     B. 19.2
     C. 19.42
     D. 19

11) A. 29
     B. 28.26
     C. 28.5
     D. 28.7

12) A. 97.6
     B. 97.52
     C. 97.95
     D. 97.7

13) A. 9
     B. 8.3
     C. 8.7
     D. 8.99

14) A. 50
     B. 49.4
     C. 49.83
     D. 49.5

15) A. 29.92
     B. 30
     C. 29.7
     D. 29.5

16) A. 9.5
     B. 9.6
     C. 9.57
     D. 9.1

17) A. 3.6
     B. 3.3
     C. 3.39
     D. 3.8

18) A. 4.4
     B. 4.12
     C. 4.41
     D. 4.5

19) A. 24.92
     B. 24.4
     C. 24.28
     D. 24.3

20) A. 7.21
     B. 7.5
     C. 7.4
     D. 7

Ex.   A,D,B,C

1. _____

2. _____

3. _____

4. _____

5. _____

6. _____

7. _____

8. _____

9. _____

10. _____

11. _____

12. _____

13. _____

14. _____

15. _____

16. _____

17. _____

18. _____

19. _____

20. _____

58

Ordene los números de menor a mayor

Ex) A. 68
    B. 67.3
    C. 67.6
    D. 67.89

1) A. 2.1
    B. 2.23
    C. 2.2
    D. 2.18

2) A. 1.61
    B. 1.57
    C. 2
    D. 1.19

3) A. 26.3
    B. 27
    C. 26.8
    D. 26.74

4) A. 15
    B. 15.65
    C. 15.26
    D. 15.3

5) A. 23.4
    B. 24
    C. 23.9
    D. 23.99

6) A. 6.54
    B. 6.62
    C. 6.9
    D. 6.5

7) A. 3
    B. 2.6
    C. 2.18
    D. 2.71

8) A. 88
    B. 87.81
    C. 87.86
    D. 87.54

9) A. 23.8
    B. 23
    C. 23.19
    D. 23.97

10) A. 71.57
    B. 71.49
    C. 71.1
    D. 71.79

11) A. 5.8
    B. 5.77
    C. 5
    D. 5.72

12) A. 57.99
    B. 57.4
    C. 57.3
    D. 57.6

13) A. 3.14
    B. 3
    C. 3.05
    D. 3.3

14) A. 36.17
    B. 36.52
    C. 36.6
    D. 36.67

15) A. 4.3
    B. 4.6
    C. 4
    D. 4.2

16) A. 62
    B. 61.89
    C. 61.86
    D. 61.74

17) A. 1.35
    B. 2
    C. 1.73
    D. 1.7

18) A. 27.2
    B. 27.38
    C. 27.41
    D. 27.68

19) A. 6.36
    B. 6.7
    C. 6.1
    D. 6.06

20) A. 1.67
    B. 1.15
    C. 2
    D. 1.7

Ex. ___B,C,D,A___

1. _____

2. _____

3. _____

4. _____

5. _____

6. _____

7. _____

8. _____

9. _____

10. _____

11. _____

12. _____

13. _____

14. _____

15. _____

16. _____

17. _____

18. _____

19. _____

20. _____

Ordene los números de menor a mayor

Ex)
A. 47.85
B. 47.9
C. 47.33
D. 47.2

1)
A. 1.1
B. 1.7
C. 1
D. 1.2

2)
A. 7.3
B. 7.65
C. 7.82
D. 8

3)
A. 4.6
B. 4.48
C. 5
D. 4.4

4)
A. 73.7
B. 73
C. 73.24
D. 73.28

5)
A. 1.8
B. 2
C. 1.23
D. 1.3

6)
A. 32
B. 31.95
C. 31.6
D. 31.32

7)
A. 73.2
B. 73.46
C. 73.6
D. 73

8)
A. 50.41
B. 50.7
C. 50.74
D. 50.1

9)
A. 7.9
B. 7
C. 7.64
D. 7.86

10)
A. 15.55
B. 15.34
C. 15.7
D. 15.8

11)
A. 41.53
B. 41.5
C. 41.22
D. 41.82

12)
A. 5.3
B. 5.7
C. 5.41
D. 5

13)
A. 6.5
B. 6.03
C. 6.84
D. 6.51

14)
A. 95.9
B. 95.85
C. 95.1
D. 95.92

15)
A. 34.53
B. 34.4
C. 34
D. 34.35

16)
A. 4.4
B. 4.36
C. 4.78
D. 4.17

17)
A. 1.2
B. 1.1
C. 1.98
D. 2

18)
A. 4.18
B. 4.23
C. 4.4
D. 4.95

19)
A. 3.53
B. 3.4
C. 3.78
D. 4

20)
A. 21.4
B. 21
C. 21.3
D. 21.04

Ex. _D,C,A,B_

1. _____

2. _____

3. _____

4. _____

5. _____

6. _____

7. _____

8. _____

9. _____

10. _____

11. _____

12. _____

13. _____

14. _____

15. _____

16. _____

17. _____

18. _____

19. _____

20. _____

Ordene los números de menor a mayor

Ex) A. 8.6
B. 8.41
C. 9
D. 8.88

1) A. 7.22
B. 7.5
C. 7.97
D. 7.8

2) A. 3.57
B. 3.12
C. 4
D. 3.54

3) A. 92.83
B. 93
C. 92.4
D. 92.3

4) A. 24.01
B. 24.27
C. 24.91
D. 24.1

5) A. 5.33
B. 5.91
C. 6
D. 5.64

6) A. 5.6
B. 5.43
C. 5
D. 5.5

7) A. 7.9
B. 7.4
C. 7.44
D. 7.68

8) A. 6
B. 5.88
C. 5.6
D. 5.7

9) A. 69.6
B. 69.06
C. 70
D. 69.28

10) A. 18.93
B. 18
C. 18.32
D. 18.1

11) A. 5.5
B. 5.2
C. 5.81
D. 5

12) A. 13.67
B. 13.39
C. 13.8
D. 13.7

13) A. 76.7
B. 76.6
C. 76.2
D. 77

14) A. 6.1
B. 6.27
C. 6.72
D. 6.6

15) A. 51.55
B. 52
C. 51.72
D. 51.1

16) A. 87.5
B. 87.4
C. 87
D. 87.61

17) A. 9.27
B. 9.5
C. 9.48
D. 9.3

18) A. 64.14
B. 64.1
C. 64.23
D. 64.78

19) A. 20.61
B. 20.4
C. 20.3
D. 20.7

20) A. 3
B. 2.5
C. 2.85
D. 2.2

Ex. B,A,D,C

1. _____

2. _____

3. _____

4. _____

5. _____

6. _____

7. _____

8. _____

9. _____

10. _____

11. _____

12. _____

13. _____

14. _____

15. _____

16. _____

17. _____

18. _____

19. _____

20. _____

Clave de respuestas

1

1. 1/2	11. 0
2. 0	12. 1
3. 0	13. 0
4. 1	14. 0
5. 1/2	15. 1
6. 1/2	16. 0
7. 1/2	17. 1
8. 1	18. 0
9. 1/2	19. 1/2
10. 1	20. 1

2

1. 1/2	11. 1/2
2. 1	12. 1
3. 1	13. 0
4. 1	14. 0
5. 1	15. 0
6. 0	16. 1/2
7. 1	17. 1/2
8. 1/2	18. 1
9. 1/2	19. 0
10. 0	20. 1/2

3

1. 0	11. 1
2. 1	12. 0
3. 1/2	13. 1/2
4. 1	14. 1
5. 0	15. 1/2
6. 1	16. 1/2
7. 0	17. 0
8. 1/2	18. 1
9. 0	19. 1
10. 1/2	20. 1/2

4

1. 1/2	11. 1
2. 1	12. 1/2
3. 1	13. 0
4. 0	14. 1/2
5. 1/2	15. 0
6. 0	16. 1
7. 0	17. 1/2
8. 1	18. 0
9. 0	19. 1/2
10. 1	20. 1/2

5

1.	1/2	11.	1
2.	1	12.	1/2
3.	1	13.	1
4.	1	14.	0
5.	0	15.	1/2
6.	1/2	16.	0
7.	0	17.	1
8.	1/2	18.	0
9.	1	19.	0
10.	1/2	20.	1/2

6

1.	1/2	11.	1
2.	0	12.	1
3.	0	13.	0
4.	1/2	14.	1/2
5.	1/2	15.	0
6.	1	16.	0
7.	1	17.	1
8.	1/2	18.	1
9.	1/2	19.	0
10.	1/2	20.	1

7

1.	1/2	11.	0
2.	0	12.	1
3.	0	13.	1
4.	1	14.	1/2
5.	1/2	15.	1
6.	0	16.	1/2
7.	1/2	17.	0
8.	1	18.	1
9.	1	19.	1/2
10.	0	20.	1/2

8

1.	0	11.	1/2
2.	0	12.	0
3.	1/2	13.	1
4.	1	14.	0
5.	1/2	15.	0
6.	1/2	16.	1/2
7.	1	17.	1
8.	1/2	18.	0
9.	1	19.	1/2
10.	1	20.	0

9

1. 0		11. 1/2	
2. 1/2		12. 1	
3. 0		13. 0	
4. 1/2		14. 1/2	
5. 0		15. 1	
6. 1		16. 0	
7. 1		17. 0	
8. 1/2		18. 0	
9. 1/2		19. 1	
10. 1		20. 1/2	

10

1. 1/2		11. 0	
2. 1		12. 1/2	
3. 0		13. 1	
4. 1		14. 0	
5. 1		15. 1	
6. 0		16. 1/2	
7. 1/2		17. 1	
8. 0		18. 1	
9. 1/2		19. 1/2	
10. 0		20. 0	

11

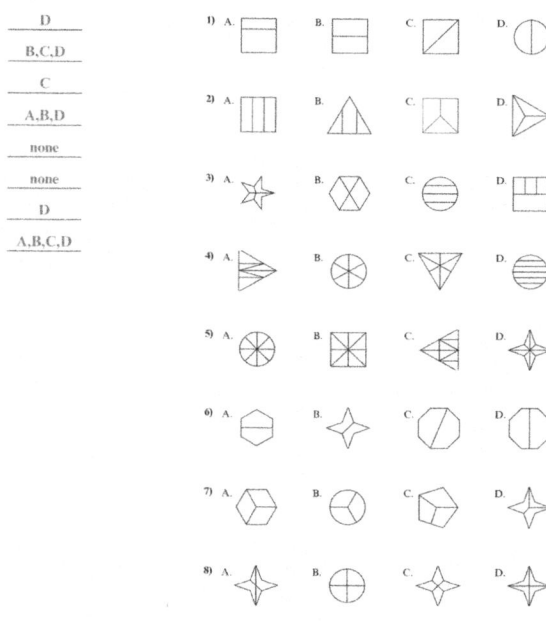

1. D
2. B,C,D
3. C
4. A,B,D
5. none
6. none
7. D
8. A,B,C,D

12

1. B,C,D
2. A,D
3. none
4. B,C
5. A,B,C,D
6. A,B,C,D
7. A,B
8. B,C,D

13

1) A. B. C. D.
2) A. B. C. D.
3) A. B. C. D.
4) A. B. C. D.
5) A. B. C. D.
6) A. B. C. D.
7) A. B. C. D.
8) A. B. C. D.

1. A,D
2. A,B,C,D
3. none
4. A,C
5. A,B,C
6. A,B,C,D
7. none
8. A,B,C,D

14

1) A. B. C. D.
2) A. B. C. D.
3) A. B. C. D.
4) A. B. C. D.
5) A. B. C. D.
6) A. B. C. D.
7) A. B. C. D.
8) A. B. C. D.

1. A,B,C,D
2. A,C
3. D
4. B,C
5. D
6. A,B,C,D
7. none
8. A,B,C

15

1) A. B. C. D.
2) A. B. C. D.
3) A. B. C. D.
4) A. B. C. D.
5) A. B. C. D.
6) A. B. C. D.
7) A. B. C. D.
8) A. B. C. D.

1. C
2. A,B,C
3. A,B,D
4. A,B,C,D
5. A,C
6. none
7. none
8. C

16

1) A. B. C. D.
2) A. B. C. D.
3) A. B. C. D.
4) A. B. C. D.
5) A. B. C. D.
6) A. B. C. D.
7) A. B. C. D.
8) A. B. C. D.

1. A,B,C,D
2. C
3. C,D
4. A,B,C,D
5. D
6. B,D
7. B,C
8. A,B,C

17

#	A.	B.	C.	D.		Answers
1)					1.	B
2)					2.	A,B,C,D
3)					3.	A,B,C
4)					4.	A,B,C,D
5)					5.	A
6)					6.	none
7)					7.	none
8)					8.	A,D

18

#	A.	B.	C.	D.		Answers
1)					1.	A,B,C
2)					2.	none
3)					3.	A,B,C,D
4)					4.	C
5)					5.	B,C
6)					6.	A,B,C,D
7)					7.	A,B,C,D
8)					8.	A,B,C,D

19

#	A.	B.	C.	D.		Answers
1)					1.	A,B,C,D
2)					2.	none
3)					3.	A
4)					4.	A,B,D
5)					5.	D
6)					6.	A,D
7)					7.	A,B,C,D
8)					8.	A,B,C

20

#	A.	B.	C.	D.		Answers
1)					1.	B
2)					2.	A,D
3)					3.	none
4)					4.	none
5)					5.	B,C,D
6)					6.	A
7)					7.	none
8)					8.	A,B,D

21

1. 3/8
2. 1/8
3. 4/8
4. 7/8
5. 2/8
6. 5/6
7. 1/4
8. 1/3
9. 3/4
10. 1/6
11. 5/8
12. 2/4
13. 3/6
14. 4/6
15. 1/2
16. 6/8
17. 2/3
18. 2/6

22

1. 3/6
2. 1/2
3. 4/6
4. 2/3
5. 3/8
6. 1/3
7. 4/8
8. 6/8
9. 1/4
10. 7/8
11. 2/6
12. 2/8
13. 1/6
14. 1/8
15. 5/6
16. 2/4
17. 5/8
18. 3/4

23

1. 3/4
2. 3/6
3. 1/3
4. 1/4
5. 1/6
6. 3/8
7. 1/2
8. 6/8
9. 4/8
10. 5/6
11. 7/8
12. 4/6
13. 5/8
14. 2/6
15. 1/8
16. 2/3
17. 2/8
18. 2/4

24

1. 1/3
2. 1/4
3. 3/4
4. 2/6
5. 6/8
6. 3/8
7. 5/8
8. 2/3
9. 1/6
10. 1/2
11. 2/8
12. 5/6
13. 4/8
14. 7/8
15. 4/6
16. 1/8
17. 2/4
18. 3/6

25

1. 7/8
2. 1/8
3. 3/4
4. 4/8
5. 1/2
6. 2/3
7. 6/8
8. 4/6
9. 1/6
10. 5/8
11. 5/6
12. 2/8
13. 1/4
14. 3/8
15. 2/4
16. 3/6
17. 2/6
18. 1/3

26

1. 1/6
2. 2/8
3. 4/8
4. 6/8
5. 7/8
6. 3/4
7. 5/6
8. 2/6
9. 1/8
10. 4/6
11. 1/2
12. 3/6
13. 1/4
14. 2/4
15. 5/8
16. 3/8
17. 2/3
18. 1/3

27

1. 7/8
2. 4/6
3. 2/4
4. 2/3
5. 3/4
6. 2/8
7. 1/3
8. 1/8
9. 1/4
10. 1/6
11. 5/6
12. 1/2
13. 4/8
14. 3/6
15. 6/8
16. 5/8
17. 2/6
18. 3/8

28

1. 2/4
2. 2/8
3. 3/8
4. 3/4
5. 1/3
6. 2/6
7. 1/4
8. 3/6
9. 4/6
10. 1/6
11. 5/8
12. 1/2
13. 2/3
14. 1/8
15. 5/6
16. 7/8
17. 6/8
18. 4/8

29

1. 5/6	11. 1/8
2. 4/6	12. 4/8
3. 1/3	13. 6/8
4. 2/6	14. 3/4
5. 5/8	15. 1/2
6. 2/4	16. 3/8
7. 2/8	17. 1/4
8. 1/6	18. 2/3
9. 7/8	
10. 3/6	

30

1. 1/4	11. 5/8
2. 6/8	12. 3/4
3. 3/6	13. 3/8
4. 1/8	14. 2/3
5. 4/8	15. 7/8
6. 2/6	16. 1/3
7. 1/2	17. 1/6
8. 5/6	18. 2/8
9. 2/4	
10. 4/6	

31

1) 1.41	=	1.41	11) 7.8	>	7.79
2) -7.3	>	-7.34	12) 4.05	>	0.405
3) 1.87	>	0.187	13) -7.77	<	-0.777
4) -6.54	>	-6.56	14) 1.29	>	1.25
5) 7.48	>	7.42	15) -5.14	=	-5.14
6) -0.64	<	-0.064	16) 7.07	>	0.707
7) -7.09	>	-7.13	17) 0.57	>	0.53
8) -9.8	>	-9.85	18) 1.45	>	0.145
9) -4.37	>	-4.39	19) -2.96	<	-0.296
10) 10	>	1	20) -3.36	>	-3.37

32

1) -9.61	<	-0.961	11) 5.7	>	5.68
2) -6.5	<	-0.65	12) -3.74	>	-3.75
3) -5.16	>	-5.18	13) -0.4	<	-0.04
4) -2.24	=	-2.24	14) 7.19	<	7.23
5) 0.86	>	0.086	15) 2.04	<	2.08
6) 8.23	>	0.823	16) -9.82	<	-0.982
7) 1.06	<	1.14	17) 6.35	>	6.29
8) 5.35	<	5.42	18) -9.46	<	-0.946
9) 3.37	>	0.337	19) 3.32	<	3.35
10) -0.49	>	-0.51	20) -8.52	>	-8.59

33

1) 6.23 $<$ 6.26
2) -5.11 $<$ -0.511
3) 8.7 $>$ 0.87
4) 0.39 $>$ 0.039
5) -2.62 $<$ -0.262
6) -4.22 $<$ -4.15
7) 9.9 $=$ 9.9
8) 0.41 $=$ 0.41
9) 2 $>$ 0.2
10) -2.47 $>$ -2.51

11) 5.15 $>$ 5.12
12) 4.88 $>$ 0.488
13) 8.48 $<$ 8.56
14) -6.55 $>$ -6.57
15) -3.22 $=$ -3.22
16) -2.96 $<$ -0.296
17) -9.09 $>$ -9.12
18) -0.46 $<$ -0.38
19) -6.59 $>$ -6.67
20) 2.17 $>$ 0.217

34

1) -5.01 $<$ -4.99
2) -6.89 $<$ -0.689
3) 2.97 $>$ 2.95
4) 7.88 $>$ 0.788
5) 7.38 $>$ 7.35
6) -0.87 $<$ -0.087
7) 3.68 $>$ 0.368
8) 8.35 $=$ 8.35
9) 8.72 $>$ 0.872
10) 3.56 $<$ 3.58

11) 8.57 $>$ 8.55
12) -1.45 $<$ -0.145
13) -3.13 $<$ -0.313
14) -6.81 $>$ -6.82
15) 8.38 $>$ 8.37
16) -8.46 $>$ -8.54
17) -0.68 $<$ -0.67
18) 7.4 $>$ 0.74
19) -5.79 $<$ -5.71
20) -5.73 $<$ -5.71

35

1) -5.31 $<$ -5.3
2) 5.99 $>$ 5.94
3) -0.88 $<$ -0.088
4) 3.77 $>$ 0.377
5) 2.73 $<$ 2.75
6) 6.12 $<$ 6.15
7) 9.51 $>$ 9.48
8) 5.43 $>$ 5.4
9) -2.14 $<$ -0.214
10) 7.87 $>$ 0.787

11) -4.57 $<$ -0.457
12) 9.66 $=$ 9.66
13) -8.68 $<$ -8.66
14) -2.28 $<$ -0.228
15) 1.27 $>$ 0.127
16) -2.25 $>$ -2.31
17) -4.37 $>$ -4.4
18) 5.18 $>$ 5.14
19) -9.92 $<$ -9.9
20) -3.59 $<$ -0.359

36

1) 5.81 $>$ 5.8
2) 6.07 $>$ 6.02
3) -4.62 $<$ -4.54
4) 4.08 $<$ 4.14
5) 2.6 $>$ 0.26
6) -0.42 $<$ -0.38
7) -8.56 $<$ -0.856
8) -2.67 $<$ -2.63
9) 0.71 $>$ 0.071
10) -8.74 $<$ -8.69

11) -6.14 $<$ -0.614
12) 5.21 $>$ 5.13
13) 3.92 $>$ 0.392
14) -8.38 $<$ -0.838
15) 2.24 $<$ 2.28
16) 1.12 $>$ 0.112
17) -4.27 $<$ -0.427
18) -9.66 $>$ -9.7
19) -5.24 $>$ -5.25
20) 3.56 $<$ 3.58

37

1) -7.27 < -7.21
2) 7.25 < 7.3
3) -4.05 > -4.07
4) -9.5 < -9.49
5) 2.31 < 2.37
6) 4.2 > 0.42
7) 0.24 > 0.024
8) 2.22 < 2.29
9) 4.17 > 0.417
10) -3.32 < -3.29
11) -5.22 > -5.24
12) 5.37 < 5.39
13) -5.67 < -0.567
14) 2.95 > 2.94
15) -2.22 < -0.222
16) 6.81 > 0.681
17) -8.11 < -0.811
18) -0.23 < -0.023
19) -6.35 > -6.41
20) 3.44 < 3.51

38

1) -6.89 > -6.9
2) -1.49 < -0.149
3) 7.89 > 7.85
4) 8.11 > 0.811
5) -1.17 < -1.16
6) 6.57 > 6.56
7) -7.24 < -7.2
8) 7.71 > 0.771
9) -5.13 > -5.19
10) -8.99 < -8.96
11) 3.72 > 0.372
12) -7.37 > -7.4
13) 4.05 < 4.09
14) -3.46 < -0.346
15) 5.12 > 0.512
16) 2.57 > 2.51
17) 8.78 > 8.71
18) -9.03 < -0.903
19) 8.34 > 0.834
20) -8.14 > -8.17

39

1) 0.95 < 1.01
2) 8.85 > 8.77
3) -5.49 < -0.549
4) -4.45 < -0.445
5) 7.79 < 7.84
6) -3.03 < -2.95
7) -8.38 < -0.838
8) 1.87 > 0.187
9) 3.18 > 0.318
10) 9.08 < 9.13
11) -8.59 < -0.859
12) 5.11 > 5.1
13) -5.94 < -5.91
14) 6 > 0.6
15) 8.19 < 8.24
16) -3.57 < -3.56
17) -3.33 < -3.26
18) 7.7 > 0.77
19) -5.59 < -5.54
20) -5.67 > -5.68

40

1) 5.53 < 5.54
2) -5.78 > -5.83
3) 3.5 > 0.35
4) 9.65 = 9.65
5) -7.41 < -7.39
6) -8.97 < -8.89
7) -2.24 < -2.2
8) 8.2 > 0.82
9) -3.03 < -0.303
10) 3.58 > 0.358
11) -8.94 > -8.96
12) 4.66 > 4.65
13) -3.85 < -3.83
14) -2.48 > -2.52
15) 9.03 < 9.07
16) -3.04 > -3.1
17) -8.25 < -0.825
18) 5.4 > 0.54
19) 8.4 > 0.84
20) 1.33 > 0.133

41

96.85 - 43.27 53.58	59.82 - 31.65 28.17	48.69 - 12.39 36.30	69.49 +28.69 98.18	75.83 - 37.85 37.98
51.82 +89.68 141.50	89.89 - 65.33 24.56	97.98 - 92.53 5.45	99.29 +82.34 181.63	30.41 +72.17 102.58
62.14 +98.16 160.30	38.25 +57.81 96.06	72.39 +82.36 154.75	98.32 - 37.92 60.40	57.78 +69.39 127.17
22.39 +54.69 77.08	45.48 - 17.85 27.63	56.34 - 51.58 4.76	48.56 - 40.77 7.79	79.93 +25.38 105.31

42

63.55 - 23.41 40.14	88.98 +87.88 176.86	85.49 +46.31 131.80	94.17 +97.63 191.80	19.38 - 15.57 3.81
37.72 +57.63 95.35	83.37 - 56.74 26.63	68.84 - 52.56 16.28	90.82 - 84.34 6.48	47.37 +27.24 74.61
62.32 - 37.28 25.04	87.87 - 85.33 2.54	70.94 +44.75 115.69	57.22 - 41.42 15.80	10.95 +84.69 95.64
74.14 - 53.23 20.91	62.72 +42.67 105.39	86.42 +87.81 174.23	19.34 +57.83 77.17	43.15 - 14.77 28.38

43

89.29 - 38.61 50.68	89.99 - 70.45 19.54	83.97 +15.35 99.32	94.51 - 33.26 61.25	51.76 +75.97 127.73
85.88 +93.66 179.54	17.78 - 16.41 1.37	29.73 +35.12 64.85	40.16 - 26.24 13.92	52.78 +52.31 105.09
56.11 +63.91 120.02	81.85 +20.83 102.68	47.18 +27.66 74.84	42.75 +87.35 130.10	33.66 - 12.92 20.74
27.11 - 12.63 14.48	46.66 - 15.86 30.80	68.57 - 52.25 16.32	70.61 +28.14 98.75	34.48 - 29.79 4.69

44

49.13 - 17.43 31.70	92.62 - 36.71 55.91	75.48 - 13.94 61.54	86.58 - 14.23 72.35	79.11 +35.41 114.52
97.12 - 80.56 16.56	45.35 - 10.52 34.83	98.94 - 16.97 81.97	60.51 +45.54 106.05	46.35 +81.55 127.90
28.99 +50.33 79.32	90.62 - 81.35 9.27	12.82 +32.78 45.60	34.54 +46.98 81.52	92.99 - 40.97 52.02
62.71 +81.93 144.64	88.92 +50.61 139.53	65.43 - 63.44 1.99	84.33 +53.74 138.07	71.64 +10.25 81.89

45

32.24 +27.92 — 60.16	19.47 +48.53 — 68.00	37.55 +79.15 — 116.70	24.21 +84.35 — 108.56	66.43 - 48.78 — 17.65
42.83 - 38.11 — 4.72	11.12 +12.16 — 23.28	91.98 - 41.27 — 50.71	82.12 - 11.42 — 70.70	54.16 +75.56 — 129.72
71.54 +20.66 — 92.20	65.94 +24.13 — 90.07	60.27 +76.57 — 136.84	97.36 - 35.79 — 61.57	61.71 - 23.77 — 37.94
34.48 - 10.83 — 23.65	57.19 - 34.28 — 22.91	79.25 - 42.14 — 37.11	56.45 - 15.92 — 40.53	80.86 +92.15 — 173.01

46

61.46 - 24.32 — 37.14	84.19 - 64.18 — 20.01	18.68 +50.36 — 69.04	99.87 +68.25 — 168.12	14.91 +62.58 — 77.49
73.98 - 20.89 — 53.09	45.51 - 25.29 — 20.22	79.31 +36.97 — 116.28	25.51 +96.36 — 121.87	35.15 +72.83 — 107.98
73.61 - 36.48 — 37.13	74.77 - 11.38 — 63.39	82.38 +93.62 — 176.00	86.19 - 67.43 — 18.76	60.24 - 52.17 — 8.07
63.57 +96.15 — 159.72	74.11 - 70.59 — 3.52	63.24 - 44.68 — 18.56	48.42 +64.58 — 113.00	71.32 +57.77 — 129.09

47

53.65 +71.28 — 124.93	75.69 - 72.24 — 3.45	65.32 +29.12 — 94.44	75.82 - 53.66 — 22.16	23.82 - 15.68 — 8.14
32.34 - 24.32 — 8.02	31.26 +52.31 — 83.57	92.45 - 76.72 — 15.73	79.76 +50.65 — 130.41	66.23 - 35.51 — 30.72
98.64 - 87.48 — 11.16	27.63 +98.63 — 126.26	81.12 - 23.19 — 57.93	34.43 - 24.73 — 9.70	85.88 +77.62 — 163.50
19.33 +75.93 — 95.26	76.68 +80.51 — 157.19	85.19 - 39.67 — 45.52	87.77 +27.92 — 115.69	47.65 +96.92 — 144.57

48

39.31 +80.49 — 119.80	52.88 +45.36 — 98.24	68.59 - 31.67 — 36.92	25.57 - 23.38 — 2.19	61.28 +68.17 — 129.45
68.11 +26.19 — 94.30	80.81 +74.73 — 155.54	58.45 +88.63 — 147.08	90.46 - 74.64 — 15.82	49.29 - 14.57 — 34.72
39.59 - 14.19 — 25.40	52.31 - 20.96 — 31.35	65.36 +71.24 — 136.60	66.17 +99.15 — 165.32	79.43 +91.94 — 171.37
78.67 +26.83 — 105.50	43.46 - 21.68 — 21.78	44.67 - 43.86 — 0.81	98.77 - 62.22 — 36.55	88.25 - 22.12 — 66.13

49

58.96 - 18.24 **40.72**	25.47 +46.16 **71.63**	82.41 - 69.42 **12.99**	65.81 - 47.88 **17.93**	20.84 +20.23 **41.07**
16.58 - 11.69 **4.89**	12.45 +90.75 **103.20**	58.42 - 49.49 **8.93**	41.41 +46.74 **88.15**	94.12 +92.92 **187.04**
52.83 +80.94 **133.77**	89.79 - 73.56 **16.23**	44.78 - 26.69 **18.09**	91.62 - 73.27 **18.35**	11.63 +46.26 **57.89**
65.73 +66.57 **132.30**	80.12 - 52.22 **27.90**	74.69 - 10.11 **64.58**	60.42 +36.38 **96.80**	57.51 +23.15 **80.66**

50

85.83 +15.92 **101.75**	32.57 +72.96 **105.53**	85.91 +55.29 **141.20**	63.51 - 44.57 **18.94**	60.88 - 24.79 **36.09**
80.41 +79.58 **159.99**	24.78 - 16.31 **8.47**	69.58 - 54.92 **14.66**	32.93 - 24.64 **8.29**	98.55 - 28.48 **70.07**
81.25 +29.36 **110.61**	30.32 - 21.22 **9.10**	22.89 +72.97 **95.86**	97.62 - 72.44 **25.18**	82.96 +95.69 **178.65**
56.65 - 21.93 **34.72**	38.91 +76.55 **115.46**	32.85 +30.81 **63.66**	86.45 - 57.85 **28.60**	91.36 +18.14 **109.50**

51

Ex) A. 34 B. 33.85 C. 33.22 D. 33.8
1) A. 73.96 B. 73.5 C. 73.4 D. 73.1
2) A. 3.29 B. 3.55 C. 3.6 D. 3.86
3) A. 4.19 B. 4.27 C. 4.6 D. 5
4) A. 5.7 B. 5.2 C. 5.6 D. 5.25
5) A. 22.4 B. 22.8 C. 22.3 D. 22.91
6) A. 11.59 B. 11.46 C. 12 D. 11.6
7) A. 8 B. 7.96 C. 7.35 D. 7.63
8) A. 3 B. 2.57 C. 2.9 D. 2.2
9) A. 9.17 B. 9.5 C. 9.9 D. 10
10) A. 75.6 B. 75.9 C. 75.8 D. 75.22
11) A. 83.11 B. 83.6 C. 83.16 D. 83.4
12) A. 3.8 B. 4 C. 3.86 D. 3.9
13) A. 72.5 B. 72.59 C. 72.4 D. 72.3
14) A. 44.9 B. 44.5 C. 44.53 D. 44
15) A. 4.2 B. 5 C. 4.99 D. 4.22
16) A. 7.3 B. 7.01 C. 8 D. 7.8
17) A. 3.68 B. 3.5 C. 3.7 D. 3.88
18) A. 14.62 B. 14.5 C. 14.87 D. 14.76
19) A. 65.8 B. 66 C. 65.2 D. 65.7
20) A. 2.25 B. 2.52 C. 2.2 D. 2.1

Ex. C,D,B,A
1. D,C,B,A
2. A,B,C,D
3. A,B,C,D
4. B,D,C,A
5. C,A,B,D
6. B,A,D,C
7. C,D,B,A
8. D,B,C,A
9. A,B,C,D
10. D,A,C,B
11. A,C,D,B
12. A,C,D,B
13. D,C,A,B
14. D,B,C,A
15. A,D,C,B
16. B,A,D,C
17. B,A,C,D
18. B,A,D,C
19. C,D,A,B
20. D,C,A,B

52

Ex) A. 93.56 B. 94 C. 93.73 D. 93.2
1) A. 64.2 B. 64.8 C. 64.15 D. 64.84
2) A. 53.4 B. 53.22 C. 53.67 D. 53.42
3) A. 4.7 B. 5 C. 4.9 D. 4.56
4) A. 9.2 B. 9.18 C. 9 D. 9.7
5) A. 6.6 B. 6.29 C. 6.4 D. 6.17
6) A. 5.1 B. 5.4 C. 5.9 D. 5.5
7) A. 10.41 B. 10.4 C. 10.46 D. 10
8) A. 8.9 B. 8.48 C. 8.4 D. 8.7
9) A. 84.67 B. 84.42 C. 84.4 D. 84
10) A. 87.8 B. 88 C. 87.62 D. 87.6
11) A. 90 B. 89.9 C. 89.49 D. 89.5
12) A. 3.42 B. 3 C. 3.8 D. 3.94
13) A. 3.94 B. 3.48 C. 3.8 D. 3.84
14) A. 1 B. 1.27 C. 1.3 D. 1.2
15) A. 8.75 B. 8.48 C. 8.6 D. 8.9
16) A. 49.9 B. 49.22 C. 49.2 D. 49.61
17) A. 96.34 B. 96 C. 96.4 D. 96.9
18) A. 73 B. 72.59 C. 72.99 D. 72.86
19) A. 9.78 B. 9.43 C. 10 D. 9.7
20) A. 3 B. 2.2 C. 2.5 D. 2.42

Ex. D,A,C,B
1. C,A,B,D
2. B,A,D,C
3. D,A,C,B
4. C,B,A,D
5. D,B,C,A
6. A,B,D,C
7. D,B,A,C
8. C,B,D,A
9. D,C,B,A
10. D,C,A,B
11. C,D,B,A
12. B,A,C,D
13. B,C,D,A
14. A,D,B,C
15. B,C,A,D
16. C,B,D,A
17. B,A,C,D
18. B,D,C,A
19. B,D,A,C
20. B,D,C,A

53

Ex) A. 4.77 B. 4.62 C. 5 D. 4.1
1) A. 76.57 B. 77 C. 76.6 D. 76.66
2) A. 9.59 B. 9.2 C. 9.58 D. 9.92

3) A. 39.9 B. 39.17 C. 39.26 D. 39.56
4) A. 28.4 B. 28.1 C. 29 D. 28.24
5) A. 5.58 B. 5.5 C. 5.62 D. 5.7

6) A. 54.4 B. 54.52 C. 54.45 D. 54.7
7) A. 54.68 B. 54.3 C. 54.04 D. 54.5
8) A. 8.84 B. 8.59 C. 8.1 D. 8.4

9) A. 7.18 B. 7.7 C. 7.79 D. 7.1
10) A. 59.75 B. 59.3 C. 59.6 D. 59.49
11) A. 96.78 B. 96.55 C. 96.8 D. 96.6

12) A. 6.12 B. 6.2 C. 6.8 D. 6.17
13) A. 5.2 B. 5.15 C. 5.45 D. 5.52
14) A. 75 B. 74.45 C. 74.44 D. 74.59

15) A. 85.5 B. 85.4 C. 85.01 D. 85.79
16) A. 6.48 B. 6.67 C. 6.7 D. 6.27
17) A. 6.32 B. 6.3 C. 6.18 D. 6

18) A. 9.3 B. 9.66 C. 9.58 D. 10
19) A. 2.31 B. 2.4 C. 2.32 D. 2.1
20) A. 3.7 B. 3.72 C. 3.6 D. 3.2

Ex. D,B,A,C
1. A,C,D,B
2. B,C,A,D
3. B,C,D,A
4. B,D,A,C
5. B,A,C,D
6. A,C,B,D
7. C,B,D,A
8. C,D,B,A
9. D,A,B,C
10. B,D,C,A
11. B,D,A,C
12. A,D,B,C
13. B,A,C,D
14. C,B,D,A
15. C,B,A,D
16. D,A,B,C
17. D,C,B,A
18. A,C,B,D
19. D,A,C,B
20. D,C,A,B

54

Ex) A. 51.9 B. 52 C. 51.13 D. 51.7
1) A. 6.73 B. 7 C. 6.45 D. 6.5
2) A. 59.6 B. 59.03 C. 59.7 D. 59.17

3) A. 21.4 B. 21.49 C. 21 D. 21.89
4) A. 91.72 B. 91.9 C. 92 D. 91.58
5) A. 7.8 B. 7 C. 7.88 D. 7.44

6) A. 23.18 B. 23.53 C. 23.48 D. 23.9
7) A. 42.64 B. 42.6 C. 42.3 D. 42.42
8) A. 5.74 B. 6 C. 5.88 D. 5.82

9) A. 30 B. 30.13 C. 30.4 D. 30.3
10) A. 48.5 B. 48.94 C. 48.4 D. 48
11) A. 2.7 B. 2.8 C. 2.3 D. 2.82

12) A. 47.5 B. 47.7 C. 48 D. 47.53
13) A. 37.05 B. 37.9 C. 37.72 D. 37.4
14) A. 2.5 B. 2.2 C. 2.93 D. 2.83

15) A. 64 B. 63.36 C. 63.3 D. 63.4
16) A. 11.05 B. 11.56 C. 12 D. 11.54
17) A. 90.98 B. 91 C. 90.54 D. 90.1

18) A. 7.7 B. 8 C. 7.41 D. 7.92
19) A. 9.48 B. 9.56 C. 9.4 D. 9.2
20) A. 63.95 B. 63.3 C. 63.7 D. 63.1

Ex. C,D,A,B
1. C,D,A,B
2. B,D,A,C
3. C,A,B,D
4. D,A,B,C
5. B,D,A,C
6. A,C,B,D
7. C,D,B,A
8. A,D,C,B
9. A,B,D,C
10. D,A,C,B
11. C,A,B,D
12. A,D,B,C
13. A,D,C,B
14. B,A,D,C
15. C,B,D,A
16. A,D,B,C
17. D,C,A,B
18. C,A,D,B
19. D,C,A,B
20. D,B,C,A

55

Ex) A. 68.1 B. 68.47 C. 68.4 D. 68.43
1) A. 7 B. 7.4 C. 7.35 D. 7.5
2) A. 89.95 B. 89.8 C. 89.4 D. 89.37

3) A. 1.87 B. 1.9 C. 1.3 D. 2
4) A. 96.8 B. 96.81 C. 96.5 D. 97
5) A. 4.17 B. 4.93 C. 4.8 D. 4.7

6) A. 2.18 B. 2.02 C. 2.7 D. 2.38
7) A. 66.26 B. 66.5 C. 66.61 D. 67
8) A. 37.3 B. 37.58 C. 38 D. 37.22

9) A. 62 B. 61.9 C. 61.85 D. 61.6
10) A. 38.89 B. 38 C. 38.8 D. 38.08
11) A. 46 B. 46.59 C. 46.93 D. 46.89

12) A. 90.1 B. 90.2 C. 90.4 D. 90.63
13) A. 2 B. 2.83 C. 2.2 D. 2.3
14) A. 24.9 B. 24 C. 24.33 D. 24.5

15) A. 97.21 B. 97.42 C. 97.4 D. 97
16) A. 26 B. 25.74 C. 25.9 D. 25.1
17) A. 74.3 B. 74.7 C. 74.9 D. 74.75

18) A. 3.9 B. 3 C. 3.3 D. 3.1
19) A. 8.9 B. 8 C. 8.54 D. 8.51
20) A. 4.12 B. 4.3 C. 4.93 D. 4.1

Ex. A,C,D,B
1. A,C,B,D
2. D,C,B,A
3. C,A,B,D
4. C,A,B,D
5. A,D,C,B
6. B,A,D,C
7. A,B,C,D
8. D,A,B,C
9. D,C,B,A
10. B,D,C,A
11. A,B,D,C
12. A,B,C,D
13. A,C,D,B
14. B,C,D,A
15. D,A,C,B
16. D,B,C,A
17. A,B,D,C
18. B,D,C,A
19. B,D,C,A
20. D,A,B,C

56

Ex) A. 39.53 B. 39.3 C. 39.22 D. 39.9
1) A. 3.9 B. 3.95 C. 3.7 D. 3.74
2) A. 20.19 B. 20 C. 20.4 D. 20.6

3) A. 3.4 B. 3 C. 3.24 D. 3.9
4) A. 36.8 B. 36.1 C. 36.23 D. 37
5) A. 1.3 B. 1.37 C. 1.5 D. 1.2

6) A. 27.42 B. 27.88 C. 27.7 D. 27
7) A. 2.55 B. 2.6 C. 2.3 D. 2.67
8) A. 55.6 B. 55.56 C. 55.8 D. 55.2

9) A. 6.59 B. 7 C. 6.6 D. 6.5
10) A. 26.1 B. 26.86 C. 26.51 D. 26.3
11) A. 46.6 B. 46.19 C. 46.8 D. 47

12) A. 7.4 B. 7.3 C. 7.5 D. 7.19
13) A. 8.23 B. 8.7 C. 8 D. 8.4
14) A. 9 B. 8.99 C. 8.61 D. 8.64

15) A. 7.9 B. 7.2 C. 7.04 D. 7.73
16) A. 28.8 B. 28.6 C. 28.5 D. 28.9
17) A. 30.2 B. 30.37 C. 30.82 D. 30.71

18) A. 60.3 B. 61 C. 60.5 D. 60.71
19) A. 61.9 B. 61.59 C. 61.84 D. 61.91
20) A. 7.6 B. 7.47 C. 7 D. 7.8

Ex. C,B,A,D
1. C,D,A,B
2. B,A,C,D
3. B,C,A,D
4. B,C,A,D
5. D,A,B,C
6. D,A,C,B
7. C,A,B,D
8. D,B,A,C
9. D,A,C,B
10. A,D,C,B
11. B,A,C,D
12. D,B,A,C
13. C,A,D,B
14. C,D,B,A
15. C,B,D,A
16. C,B,A,D
17. A,B,D,C
18. A,C,D,B
19. B,C,A,D
20. C,B,A,D

57

Ex) A. 5.17 / B. 5.95 / C. 6 / D. 5.9
1) A. 23.3 / B. 23.4 / C. 23.9 / D. 23.26
2) A. 7.5 / B. 7.65 / C. 7.97 / D. 7.14
3) A. 18.41 / B. 18.83 / C. 19 / D. 18.5
4) A. 14.36 / B. 14.4 / C. 14.86 / D. 14.7
5) A. 62.24 / B. 62.49 / C. 62.4 / D. 62.7
6) A. 1.72 / B. 1.74 / C. 1.52 / D. 1.36
7) A. 2.5 / B. 2.4 / C. 2.12 / D. 2.7
8) A. 73.75 / B. 73.2 / C. 74 / D. 73.17
9) A. 3.42 / B. 3.7 / C. 3.2 / D. 4
10) A. 19.18 / B. 19.2 / C. 19.42 / D. 19
11) A. 29 / B. 28.26 / C. 28.5 / D. 28.7
12) A. 97.6 / B. 97.52 / C. 97.95 / D. 97.7
13) A. 9 / B. 8.3 / C. 8.7 / D. 8.99
14) A. 50 / B. 49.4 / C. 49.83 / D. 49.5
15) A. 29.92 / B. 30 / C. 29.7 / D. 29.5
16) A. 9.5 / B. 9.6 / C. 9.57 / D. 9.1
17) A. 3.6 / B. 3.3 / C. 3.39 / D. 3.8
18) A. 4.4 / B. 4.12 / C. 4.41 / D. 4.5
19) A. 24.92 / B. 24.4 / C. 24.28 / D. 24.3
20) A. 7.21 / B. 7.5 / C. 7.4 / D. 7

Ex. A,D,B,C
1. D,A,B,C
2. D,A,B,C
3. A,D,B,C
4. A,B,D,C
5. A,C,B,D
6. D,C,A,B
7. C,B,A,D
8. D,B,A,C
9. C,A,B,D
10. D,A,B,C
11. B,C,D,A
12. B,A,D,C
13. B,C,D,A
14. B,D,C,A
15. D,C,A,B
16. D,A,C,B
17. B,C,A,D
18. B,A,C,D
19. C,D,B,A
20. D,A,C,B

58

Ex) A. 68 / B. 67.3 / C. 67.6 / D. 67.89
1) A. 2.1 / B. 2.23 / C. 2.2 / D. 2.18
2) A. 1.61 / B. 1.57 / C. 2 / D. 1.19
3) A. 26.3 / B. 27 / C. 26.8 / D. 26.74
4) A. 15 / B. 15.65 / C. 15.26 / D. 15.3
5) A. 23.4 / B. 24 / C. 23.9 / D. 23.99
6) A. 6.54 / B. 6.62 / C. 6.9 / D. 6.5
7) A. 3 / B. 2.6 / C. 2.18 / D. 2.71
8) A. 88 / B. 87.81 / C. 87.86 / D. 87.54
9) A. 23.8 / B. 23 / C. 23.19 / D. 23.97
10) A. 71.57 / B. 71.49 / C. 71.1 / D. 71.79
11) A. 5.8 / B. 5.77 / C. 5 / D. 5.72
12) A. 57.99 / B. 57.4 / C. 57.3 / D. 57.6
13) A. 3.14 / B. 3 / C. 3.05 / D. 3.3
14) A. 36.17 / B. 36.52 / C. 36.6 / D. 36.67
15) A. 4.3 / B. 4.6 / C. 4 / D. 4.2
16) A. 62 / B. 61.89 / C. 61.86 / D. 61.74
17) A. 1.35 / B. 2 / C. 1.73 / D. 1.7
18) A. 27.2 / B. 27.38 / C. 27.41 / D. 27.68
19) A. 6.36 / B. 6.7 / C. 6.1 / D. 6.06
20) A. 1.67 / B. 1.15 / C. 2 / D. 1.7

Ex. B,C,D,A
1. A,D,C,B
2. D,B,A,C
3. A,D,C,B
4. A,C,D,B
5. A,C,D,B
6. D,A,B,C
7. C,B,D,A
8. D,B,C,A
9. B,C,A,D
10. C,B,A,D
11. C,D,B,A
12. C,B,D,A
13. B,C,A,D
14. A,B,C,D
15. C,D,A,B
16. D,C,B,A
17. A,D,C,B
18. A,B,C,D
19. D,C,A,B
20. B,A,D,C

59

Ex) A. 47.85 / B. 47.9 / C. 47.33 / D. 47.2
1) A. 1.1 / B. 1.7 / C. 1 / D. 1.2
2) A. 7.3 / B. 7.65 / C. 7.82 / D. 8
3) A. 4.6 / B. 4.48 / C. 5 / D. 4.4
4) A. 73.7 / B. 73 / C. 73.24 / D. 73.28
5) A. 1.8 / B. 2 / C. 1.23 / D. 1.3
6) A. 32 / B. 31.95 / C. 31.6 / D. 31.32
7) A. 73.2 / B. 73.46 / C. 73.6 / D. 73
8) A. 50.41 / B. 50.7 / C. 50.74 / D. 50.1
9) A. 7.9 / B. 7 / C. 7.64 / D. 7.86
10) A. 15.55 / B. 15.34 / C. 15.7 / D. 15.8
11) A. 41.53 / B. 41.5 / C. 41.22 / D. 41.82
12) A. 5.3 / B. 5.7 / C. 5.41 / D. 5
13) A. 6.5 / B. 6.03 / C. 6.84 / D. 6.51
14) A. 95.9 / B. 95.85 / C. 95.1 / D. 95.92
15) A. 34.53 / B. 34.4 / C. 34 / D. 34.35
16) A. 4.4 / B. 4.36 / C. 4.78 / D. 4.17
17) A. 1.2 / B. 1.1 / C. 1.98 / D. 2
18) A. 4.18 / B. 4.23 / C. 4.4 / D. 4.95
19) A. 3.53 / B. 3.4 / C. 3.78 / D. 4
20) A. 21.4 / B. 21 / C. 21.3 / D. 21.04

Ex. D,C,A,B
1. C,A,D,B
2. A,B,C,D
3. D,B,A,C
4. B,C,D,A
5. C,D,A,B
6. D,C,B,A
7. D,A,B,C
8. D,A,B,C
9. B,C,D,A
10. B,A,C,D
11. C,B,A,D
12. D,A,C,B
13. B,A,D,C
14. C,B,A,D
15. C,D,B,A
16. D,B,A,C
17. B,A,C,D
18. A,B,C,D
19. B,A,C,D
20. B,D,C,A

60

Ex) A. 8.6 / B. 8.41 / C. 9 / D. 8.88
1) A. 7.22 / B. 7.5 / C. 7.97 / D. 7.8
2) A. 3.57 / B. 3.12 / C. 4 / D. 3.54
3) A. 92.83 / B. 93 / C. 92.4 / D. 92.3
4) A. 24.01 / B. 24.27 / C. 24.91 / D. 24.1
5) A. 5.33 / B. 5.91 / C. 6 / D. 5.64
6) A. 5.6 / B. 5.43 / C. 5 / D. 5.5
7) A. 7.9 / B. 7.4 / C. 7.44 / D. 7.68
8) A. 6 / B. 5.88 / C. 5.6 / D. 5.7
9) A. 69.6 / B. 69.06 / C. 70 / D. 69.28
10) A. 18.93 / B. 18 / C. 18.32 / D. 18.1
11) A. 5.5 / B. 5.2 / C. 5.81 / D. 5
12) A. 13.67 / B. 13.39 / C. 13.8 / D. 13.7
13) A. 76.7 / B. 76.6 / C. 76.2 / D. 77
14) A. 6.1 / B. 6.27 / C. 6.72 / D. 6.6
15) A. 51.55 / B. 52 / C. 51.72 / D. 51.1
16) A. 87.5 / B. 87.4 / C. 87 / D. 87.61
17) A. 9.27 / B. 9.5 / C. 9.48 / D. 9.3
18) A. 64.14 / B. 64.1 / C. 64.23 / D. 64.78
19) A. 20.61 / B. 20.4 / C. 20.3 / D. 20.7
20) A. 3 / B. 2.5 / C. 2.85 / D. 2.2

Ex. B,A,D,C
1. A,B,D,C
2. B,D,A,C
3. D,C,A,B
4. A,D,B,C
5. A,D,B,C
6. C,B,D,A
7. B,C,D,A
8. C,D,B,A
9. B,D,A,C
10. B,D,C,A
11. D,B,A,C
12. B,A,D,C
13. C,B,A,D
14. A,B,D,C
15. D,A,C,B
16. C,B,A,D
17. A,D,C,B
18. B,A,C,D
19. C,B,A,D
20. D,B,C,A

Made in the USA
Monee, IL
07 July 2026